사이토 히토리의

즐기는 사람만이
성공한다

사이토 히토리의

즐기는 사람만이 성공한다

초판 1쇄 인쇄 2024년 1월 20일
초판 1쇄 발행 2024년 1월 25일
초판 2쇄 발행 2024년 4월 11일

지은이 ┃ 사이토 히토리
옮긴이 ┃ 김진아
발행인 ┃ 최근봉

발행처 ┃ 도서출판 넥스윅
등록번호 ┃ 제2014-000069호

주소 ┃ 경기도 고양시 일산동구 장백로 20, 102동 905호
전화 ┃ (031) 972-9207
팩스 ┃ (031) 972-9808
이메일 ┃ cntpchoi@naver.com

ISBN 979-11-88389-50-6 13190

사이토 히토리의
즐기는 사람만이
성공한다

사이토 히토리 지음 ｜ 김진아 옮김

인생 대역전 비결, 좋아하는 일만 하면 된다!

N 넥스웍

시작하면서

우리 민족은 세계적으로도 1, 2위를 다툴 정도로 성실한 민족이다.

인생은 고생하는 게 당연하고, 노력과 참을성 없이는 살 수 없다고 생각한다.

행복해지기 위해서, 성공해서 풍요로운 삶을 누리기 위해서 자기 자신에게 어려운 과제를 부과하곤 한다.

그럼 고생하면 정말로 행복해질 수 있을까?

안타깝게도 그건 아니다.

그게 사실이라면 우리나라에는 성공하여 행복하게 사는 사람만 있을 텐데, 현재 이 나라에는 피로에 찌든 사람들로 넘쳐나고 있으니까.

필자를 '우리나라에서 손꼽히는 부자'라고 하는 사람도 있지만, 나는 스스로에게 채찍을 휘두른 적도 없고 노력이나 인내를 해본 적도 없다.

태어나서 지금까지 쭉 한 번도 고생한 적이 없다. 정말이다.

그런데도 경제적으로도, 정신적으로도 풍요로워서 아주 행복하다.

즉 성공하는 것에도, 풍요롭게 사는 것에도, 행복하게 사는 것에도 고생은 전혀 할 필요 없다는 뜻이다.

진정으로 성공하여 행복을 누리는 사람은 나 자신에게 무리하도록 강요하지 않는다.

일이든 뭐든 자신이 '좋아하는 것'을 최우선으로 생각하고, 인생을 갖가지 놀이로 채우고 있다.

행복을 누리며 성공한 사람은 모두 즐겁게 일하고, 사생활도 충실하다.

세상에서는 '놀기만 해서는 행복해질 수 없다.', '험난한 세상을 견뎌내려면 인내가 필요하다.'라고 하지만, 그건 절대로 그렇지 않다.

이 세상의 진리는 바로 이렇다.

'좋아하는 일을 즐기는 사람일수록 성공한다'.

이 메커니즘만 이해하면, 인생에서 어려운 문제가 모두 사라지고 무슨 일이 있어도 성공하게 된다.

반대로 이 메커니즘을 모르면 고생만 하다가 아무런 보상도 얻지 못하는 인생으로 끝나게 된다.

그 이유가 무엇인지는 본문 속에서 살펴보기로 하고 우선은 '나 자신을 소중히 하며 인생을 즐기면 상상 이상의 미래를 손에 넣을 수 있다.'라는 점을 지금 여기서 단단히 마음속에 새기도록 하자.

즐거운 일에 눈을 뜨면 인생은 깜짝 놀랄 정도로 호전된다.

그것도 뜻밖의 형태로 점차 행운이 날아들게 될 것이다.

여러분의 인생은 지금 이 순간부터 바뀌게 된다.

사이토 히토리

알아두어야 할 것

●

필자는 '신'을 매우 좋아해서
이 책 곳곳에는 신이라는 단어 표현이 자주 등장하지만,
필자는 종교가가 아니다.
여기서 말하는 신은 특정한 종교의 신이 아니라
이 세상을 창조한 거대한 에너지를 의미한다.

목 차

1

즐겁게 놀면
그것만으로도 인생은
잘 풀린다

인간은 직소 퍼즐 같은 것

일본에는 여러 가지 신이 있고, 각자에게 붙은 이름이 있다.

아메노미나카누시노카미天之御中主神[1]라든가, 아마테라스오오미카미天照大御神[2] 같은 신들 말이다.

다시 말해, 신들은 본래 하나의 '크나큰 신(=만물의 근원인 에너지)'이며, 그 시작을 되짚어보면 모두 동일하다는 뜻이다.

그리고 인간이나 동물, 식물, 광물 등…… 그런 모든 존재도 신과 같은 것으로 만들어져 있다.

이 세상은 '개별적인 존재'들이 모인 곳이기도 하지만, 겉으로 보기에는 개별적인 것 같아도 사실은 모두 연결되어 있다.

쉽게 말하자면, 우리는 마치 직소 퍼즐 같은 것이다.

형태는 제각각이어도 모두 같은 재료로 되어 있다.

퍼즐 조각을 맞추면 딱 맞물려서 하나의 큰 작품이 완성되는 것이다.

직소 퍼즐은 어느 한 조각이 빠지면 작품은 완성되지 않는다.

---

1   일본 신화의 천지개벽 때 등장하는 신이다.

2   일본 신화에 주신으로 등장하며, 주로 여신으로 해석된다.

즉 사람은 모두 다르지만 누구나 이 세상에 필요하고 의미 있는 존재라는 뜻이다.

모두가 대단한 능력을 가진 신이라고 할 수 있다.

그래서 각자가 나답게, 본래의 형태로 살 수 있는 장소에 있으면 퍼즐 조각이 딱 맞아떨어지게 된다.

그러면 마음에 확 와닿게 된다.

'아아, 내 인생은 이것밖에 없구나!' 하고 행복한 기분이 들게 될 것이다.

두근거림이나 감동으로 채워진 즐거운 세상에서는 고통 같은 건 전혀 존재하지 않는다.

반면에 잘못된 길로 나아가면, 나의 형태와 다른 장소에 이르게 되니까 그곳에 순응하기 위해 나의 형태를 바꾸려고 애를 쓰게 된다.

나 자신을 억누르거나 나답지 않은 모습이 되기도 한다……. 진정한 나 자신으로 있을 수 없으니, 괴로워지는 게 당연하다.

따라서 괴로울 때는 그곳이 내가 있을 장소가 아니라는 뜻이 된다.

그 괴로움은 '네게 어울리는 다른 곳으로 가거라.' 하는 신의 메시지라고 할 수 있다.

당신의 위화감이 주변에 폐를 끼친다

퍼즐에는 서로 비슷한 조각들이 많이 있다.

그와 마찬가지로 인간 세상에도 '나한테 어울리는 곳처럼 보이지만 사실은 그렇지 않은' 장소가 얼마든지 있다.

그렇지만 내 조각과 비슷한 형태니까 다들 '여기가 내가 있을 곳이구나!'라고 얼른 달려들게 되는 것이다.

그런데 실제로는 그곳이 내가 있을 곳이 아니니까 '뭔가 좀 이상한데?', '이거 영 불편하다.'라며 위화감을 품지만, 형태가 매우 비슷해서 그냥 몸을 욱여넣으면 어떻게든 일이 돌아가긴 한다.

확실하게 안 맞아서 느낌이 이상하면 '여긴 내가 있을 자리가 아니다.'라는 사실을 깨달을 수 있지만, 조금 억지로 애를 쓰면 딱 들어가긴 하니까 위화감이 있어도 기분 탓으로 여기고 만다.

그렇게 위화감을 느끼면서도 어떻게든 살아가면 '역시 여기 있는 게 정답이네.'라고 생각하게 된다.

바로 이 착각이 큰 문제이다.

다들 '조금 잘못된 장소라도 어떻게든 일이 돌아가면 괜찮은 거 아닐까?'라고 생각하게 될지 몰라도, 당신이 그곳에 자리 잡으면 다른 사람들에게 폐가 된다.

우선 당신이 거기 있는 탓에 본래 그곳에 있어야 할 사람이 들어가지 못하게 된다.

당신 자신도 위화감을 느끼는 곳에서 고생할뿐더러 그와 동시에 다른 누군가에게도 희생을 강요하는 결과를 부르게 되는 것이다.

그래서 당신이 아무리 참고 노력해도 그 자리에 딱 맞는 나 자신은 절대로 될 수 없다.

반드시 어느 부분에서 답답함을 느끼고, 빈틈이 생기게 될 것이다.

예를 들어 답답하게 느껴지면 자꾸만 내 옆에 있는 사람을 꾹꾹 밀어내게 되지 않는가?

그러면 밀려 나는 사람도 답답하니까 또 그 옆 사람을 밀게 된다.

마치 당신을 기점으로 시작된 도미노처럼 불쾌감이 연쇄적으로 퍼지는 것이다.

그러니 당신이 잘못된 장소에 있으면 주변에 폐를 끼치게 되는 것이다.

따라서 모두를 위해서라도 당신은 나답게 있을 곳을 찾아야 한다.

나다운 것이 제일 행복하다

나의 괴로움 때문에 주변 사람까지 불쾌해지는 일이야말로 신이 제일 싫어하는 것이다.

왜냐하면 인간은 지구에서 마음껏 즐기며 살도록 태어났기 때문이다.

이 세상에 태어나기 전, 그러니까 영혼이 아직 저세상에 있을 때 신은 우리에게 이렇게 말했다.

"마음껏 즐기고 행복하게 살아라."

모든 사람은 그 약속을 지켜야 한다는 '의무'를 가지고 이 세상에 태어난 것이다.

당신은 신과의 약속을 지키기 위해 그 생명을 받은 것이다.

그런 신이 우리에게 인내와 고통을 강요할 리가 없다.

신은 당신에게 '여기가 내가 있을 곳이구나!' 하고 확신하게 즐겁고 행복한 인생을 살길 바란다.

그렇게 모두가 내가 하고 싶은 일을 하면 남들과 부딪칠 일도 없고 싸움도 사라지게 된다.

모두가 행복해질 수 있다.

신은 직소 퍼즐의 조각을 맞췄을 때 완벽하면서도 아름다운 그림이 완성될 수 있도록 이 세상을 창조했다.

즉 이 지구는 나답게 살면 빛나게 될 것이고, 있는 그대로의 나 자신일 때가 제일 행복해지는 세상이다.

모두가 즐겁게 살아감으로써 완벽하고 훌륭한 세상이 완성되는 것이다.

그런데도 인간은 금방 자신이 있어야 할 곳이 아닌 다른 장소로 가버리곤 한다.

그 이유는 어릴 때부터 '즐거운 일만 해서는 인생을 망친다.', '인내하지 못하는 사람은 사회에서 살아가지 못한다.'라고 배우기 때문이다.

사실은 내가 즐거움을 느낄 수 있는 일을 하고 싶은데, 다른 사람들에게 자랑할 만한 회사에 취직해야겠다, 혹은 남에게 대단하다는 칭찬을 들을 만한 취미를 가져야겠다는 식으로 말이다.

그렇게 내 의견이 아니라 남의 생각부터 따져서 행동하게 되는 것이다.

인내나 노력이 당연하고, 고생이 전제인 인생을 살게 되는 것이다.

또한 세상에서는 나보다 남을 우선시하는 '자기희생'이 올바르다고 가르치지만, 내가 보기에 자기희생이라는 건 말도 안 되는 이야기가 아닐 수 없다.

나 자신한테도 잘해줄 수가 없는데, 어떻게 남에게 다정하게 대할 수 있을까.

불행한 사람이 남의 행복을 바랄 수는 없다.

남에게 따듯하게 대할 수 있는 건 오직 나 자신을 잘 대할 수 있는 사람뿐이다.

남에게 잘해주고 싶으면 우선 나부터 귀히 여길 줄 알아야 한다.

그렇게 할 수 있다면 당신은 당당히 인내와 노력이 없는 인생을 걸어도 된다.

당신이 좋아하는 일을 마음껏 즐기면, 그게 결과적으로 주변 사람들까지 행복하게 할 것이고 사회에도 좋은 영향을 끼치게 될 테니까.

세상은 나를 중심으로 돌아간다

아주 명랑한 한 여자가 있었다.

그 여자가 어느 날, 이런 말을 했다.

"나는 항상 즐겁긴 한데 가끔 불안할 때가 있어요. 혹시 저 세상에 갔을 때 벌을 받는 게 아닐까 싶어요……."

왜 그런 생각을 하느냐고 물었다. 그랬더니 다음과 같이 대답했다.

"항상 누군가를 위해 사는 사람은 당연히 천국으로 가겠지만, 나는 '누군가를 위해'라는 의식을 가진 적이 없어서요."

바로 그런 걱정을 하니까 천국에 못 가는 것이다.

걱정하지 않아도 자신이 좋아하는 일을 즐겁게 하면 반드시 천국에 살 수 있다.

나의 형태에 딱 맞는 장소에 있으면 그것만으로도 주변 사람을 돕는 것이므로, 이미 충분히 사회에 큰 도움을 주고 있는 것이다.

당신이 있어야 할 곳에서 즐겁게 살면 주변 사람의 삶도 쾌적해진다.

그게 바로 신이 기뻐하는 삶의 방식이며 올바른 길이다.

올바른 길을 걷는 사람은 절대로 지옥에 떨어질 리가 없다.

세상에는 남의 낯빛만 살피며 꾹꾹 참기만 하는 사람이 있는 것 같다.

'나는 무슨 나쁜 짓도 안 했고, 이렇게 주변을 신경 쓰며 살아가고 있으니까 나중에 죽어서 천국에 갈 수 있겠지.'

그렇게 믿고 있을지 모르겠지만, 천국이 어떤 곳이냐면 바로 그런 생각을 하는 당신 같은 사람이 없는 곳이다.

참기 바빠서 어두운 얼굴을 한 사람은 천국에 절대로 없다.

누군가를 위해 사양할 필요는 없다.

당신은 그저 행복하게 살면 된다.

그런데 꼭 '세상은 나를 중심으로 돌아가는 게 아니다.'라며 찬물을 끼얹는 식으로 말하는 사람이 있다.

나를 중심으로 세상이 돌고 있다고 생각하는 게 뭐가 그렇게 잘못인가?

이 세상에는 각자 '인생'이라는 우주(세상)가 있다.

나에게는 나만의 우주가 있다.

당신에게는 당신의 우주가 있다.

인생은 나 자신의 우주이다.

그 우주가 나를 중심으로 도는 건 당연한 일인데도 그걸 부정하는 사람이 있으니까 자꾸만 상황이 꼬이는 것이다.

인생을 잘 즐기고 있는 사람에게 '내가 그렇게 이상한가?', '내가 일반적이지 않고 이상한 거구나.'라며 의심하게 만드는 말을 하면 안 된다.

멋을 부리고 쇼핑을 좋아하는 사람에게 "축구 같은 것에 관심을 가지는 게 더 좋아." 같은 말을 하면서 그를 경기장으로 끌고 가면 얼마나 난처하겠는가.

물론 축구가 나쁘다는 뜻은 아니다.

우주의 차이, 취향의 문제라는 것이다.

각자가 모두 달라도 괜찮다.

모두 자신의 우주를 마음대로 살아도 된다.

남의 신뢰를 얻는 비결은 '놀이'다

직장에서 성공하려면 우선 사람들의 신뢰를 얻어야 한다.

그럼 그 신뢰를 어떻게 얻어야 할까? 그 방법은 바로 '놀이'이다.

영화를 보러 가거나, 친구들과 놀러 가거나, 맛있는 것을 먹거나, 온천에 가거나, 야한 책을 보거나 하는 것들 말이다.

즐거우면 뭐든 다 좋다.

항상 나 자신에게 즐거움을 느끼도록 만드는 것이다.

왜 남의 신뢰를 얻는 데 놀이가 중요하냐면, 놀지도 않고 참기만 하는 사람은 주변을 믿지 못하기 때문이다.

순서대로 설명하자면 이렇다.

참기만 하는 사람은 우선 나 자신을 좋아할 수 없다.

'괴롭다, 힘들다, 그만두고 싶다……'라며 이런 생각만 하는 나를 좋아하는 사람이 과연 있을까?

그리고 좋아하지도 않는 나를 믿는 건 물론 불가능하다.

나조차 믿지 못하는 사람은 당연하지만 다른 이들도 믿지 못한다.

그런 사람은 그 누구의 호감을 얻을 수 없다.

한번 생각해 보자.

당신을 믿어주지 못하는 사람을 좋아할 수 있는가?

제대로 놀지도 못하고 참기만 하는 사람은 항상 어두운 표정을 짓고 있어서 나 자신도, 그리고 다른 이들마저도 신뢰하지 못한다.

그러니 주변이 날 따라오지 못하는 것도 당연한 일이다.

옛날에는 회사에서 여행을 갈 때 직원 전체 참가가 당연시되었다.

모두 반드시 가야 한다는 이상한 분위기가 있어서 가고 싶지 않은 사람도 마지못해 참가하곤 했다.

하지만 놀이에 대해 잘 이해하는 사장님이라면 아마 이렇게 말할 것이다.

"직원 여행을 위해 준비한 돈이 있으니 그걸 여러분께 나눠 드리겠습니다. 각자 원하는 대로 쓰세요."

이런 사장님이 있다면 얼마나 멋질까.

직원들의 무한 신뢰를 얻을 수 있지 않을까?

스스로 즐기고 놀 줄 아는 사람은 다른 이들에 대해서도 '이렇게 하면 기뻐할 것이다.'라는 걸 잘 아니까 눈치도 매우 빠르다.

노는 사람에게는 매력이 있다.

그러나 나 자신이 놀지 못하면 주변 사람의 마음을 이해하지 못하니 매력이 부족해진다.

사람은 자연히 매력이 있는 것을 선택하기 마련이다.

회사 대표든, 상사든, 매력적인 사람이 더 좋은 법이고 그런 사람이 신뢰를 얻는 건 당연지사라고 할 수 있다.

도요토미 히데요시는
멋진 여자들의 인기를 얻고 싶어서
천하를 손에 넣었다

행복해지려면 역시 돈이 있는 게 훨씬 낫다.

흔히 '돈이 없어도 행복해질 수 있다.'라고 하는데, 돈은 없는 것보다 있는 게 당연히 좋다.

원하는 것을 사지 못하는 것보다 사는 편이 더 행복하니까.

그럼 어떻게 하면 부유해질 수 있을까? 그거야 돈을 버는 방법밖에는 없다.

때때로 "좋아하는 일에 돈을 투자하면, 자연스럽게 돈을 벌게 되지 않을까요?"라고 묻는 사람이 있는데, 안타깝지만 그런 편리한 일은 있을 수가 없다.

좋아하는 일에 돈을 쓰고 싶다면, 직접 돈을 벌거나 혹은 부양을 맡은 가족이 돈을 벌어오거나 하는 등 아무튼 돈을 버는 수밖에 없다.

돈을 쓰면 알아서 나한테 돌아온다든가 하는 건 말도 안 되는 일 아닌가?

모두가 '벌이가 적으면 좋아하는 일에도 돈을 들일 수 없다.' 라고 하는데, 나는 좋아하는 일에 돈을 아낀다는 건 그걸 그렇게까지 좋아하지 않는다는 증거라고 본다.

진정으로 좋아하는 일이 있다면 설령 돈이 있든 없든 간에 내 마음을 막을 수가 없으니까.

예를 들어 당신이 멋 부리기를 아주 좋아한다고 가정해 보자. 지금 눈앞에 50만 원짜리 옷이 있는데, 그게 당신에게 아주 잘 어울리고 입어보니 행복한 기분도 든다.

그 옷을 너무나도 갖고 싶다면 아마 빚을 내서라도 살 것이다. 그런데 '50만 원이나 하니까 그만두자.'라고 간단히 포기할 거라면, 그렇게까지 옷에 대한 열망이 강한 건 아니라는 뜻이다.

그런 식으로 아까워한다는 건 돈 쓰기를 좋아하지 않는다는 말이다.

사실 당신은 저축을 더 좋아한다는 것이다.

물론 저축이 나쁘다는 것도 아니고, 돈을 펑펑 쓰라고 권하는 것도 아니다. 돈은 쓰는 것도 즐겁고, 모으는 것도 즐거우니까.

어느 쪽이든 간에 내가 원하는 방향으로 하면 된다.

평범한 사람은 50만 원이나 되는 옷을 빚까지 내가면서 사다니 사채 지옥에 빠져 나중에 곤욕을 치를 거라고 걱정할지도 모른다.

그렇지만 빚만 지면 좋아하는 일도 계속할 수 없다.

빚이 쌓이다가 결국은 파산하게 되니 좋아하는 일은 꿈도 못 꾸게 되는 것이다.

하지만 그래서는 안 되니까 빨리 빚을 갚기 위해 열심히 일하고, '또 새로운 옷을 사려면 어떻게 해야 좋을까?'라는 고민도 하게 되니까 돈을 벌려는 지혜도 샘솟게 된다.

혹은 내가 직접 돈을 못 벌면 아예 누가 재물을 갖다 바치게 할 정도로 매력적인 사람이 되는 것이다.

진정한 '애정'에는 그만큼의 힘과 에너지가 있다.

돈을 벌게 하는 강력한 원동력도 된다.

아마 나처럼 여성들을 좋아하는 사람은 인기를 얻기 위해서 열심히 돈을 번다든가, 아니면 여성이 아예 돈을 바칠 정도로 매력적인 남자가 되는 방법밖에는 없을 것이다.

예를 들어 전국시대의 유명한 무장인 도요토미 히데요시는 아름다운 여자를 노리고 천하를 거머쥔 거라고 해도 과언이 아닐 것이다.

도요토미는 농민 출신이었다, 아시가루足輕(최하층의 무사)였다거나 하는 여러 설이 있지만, 아무튼 신분은 매우 낮은 인물이었다.

원래 같으면 천하를 쥐는 일은 상상도 못 할 신분이었던 것이다.

게다가 지금까지도 원숭이처럼 못생긴 외모였다는 평이 돌 정도다.

가난한 데다가 못생겼다면 대개 '아름다운 여자가 나 같은 걸 거들떠보기나 하겠어?'라며 포기하기 마련일 것이다.

그렇지만 도요토미는 달랐다.

아름다운 여인에 대한 진심이 보통이 아니었던 것이다.

멋지고 아름다운 여자들의 인기를 얻고 싶다는 갈망이 도요토미에게 천하를 쥐게 했던 것이다. 이런 강력한 '애정'이 있다면 돈도 얼마든지 벌어들일 수 있다.

'애정'을 갈고닦은 사람이
일류가 된다

신의 영역에 노력은 없다.

왜냐하면 신은 완벽한 존재여서 노력 같은 건 하지 않고도 성공할 수 있기 때문이다.

신은 실패할 수가 없다.

성공밖에 없다.

그 신과 같은 존재인 우리 역시 노력 없이 성공할 수 있다.

그런데도 다들 툭하면 '노력이 중요하다.', '무슨 일이든 인내해야 한다.'라고 말한다.

아무리 싫어하는 일이라도 노력하면 보상받을 수 있다거나 하면서 말이다.

나는 싫은 일을 가지고 노력하면 더더욱 싫어지는 일은 있어도, 일류는 될 수 없다고 생각한다.

일류가 되고 싶으면 자신이 좋아하는 일로 힘내야 한다.

거짓말 같으면 이 세상에서 일류의 자리에 앉은 사람들을 살펴보라.

분명 자기가 좋아하는 일로 일류가 되었을 테니까.

"나는 골프가 싫지만 프로 선수가 되어서 우승했다."

나는 이런 식으로 말하는 사람은 본 적이 없다.

좋아하는 일에는 노력이 필요 없다.

물론 일류가 되기 위해서는 반복적으로 연습하고, 연구하고, 단련해야 한다.

그렇지만 좋아하는 일은 즐거우니까 자연히 그걸 하고 싶어진다.

예를 들어 패션이 세끼 밥보다 더 좋은 사람은 몇 시간이 넘게 옷가게에서 있을 수 있고, 며칠이 걸리더라도 좋아하는 옷을 찾아내 꼭 살 것이다.

그렇게까지 할 수 있으니까 일류가 되는 거지, 그런 사람이 엄청난 노력을 했기에 최고가 된 것은 아니다.

그저 패션이 좋아 거기에 몰두했을 뿐, 노력한 것이 아니라는 뜻이다.

다른 사람들에게는 힘들지 몰라도 내가 즐겁다면 그게 별로 고통으로 느껴지지 않는 법이다.

욕구를 억누르지 마라

'나쁜 짓을 하면 천벌이 내린다.'라고 하는 사람이 있다.

그럼 나쁜 짓이 뭐냐고 물으면 '욕구가 많은 것이다.'라고 답한다.

그렇다면 이 세상 모두가 악한 사람이 되는 거 아닐까.

왜냐하면 우리 인간은 모두 태어나면서 욕구를 갖고 태어나니까.

원래부터 욕구를 갖고 태어나는데, 그걸 억누르게 되면 억압된 파동(주파수)이 나오게 된다.

그리고 그 부정적인 파동이 불행을 부르는 것이다.

파동이라는 건 이 세상에 모든 생명체나 물질, 현상에서 나오는 것으로 '파동이 같은 것끼리는 서로 끌어당긴다.'라는 법칙이 있다.

밝은 파동은 밝은 일을 불러일으키고, 불행한 파동은 더욱 불행을 느끼게 하는 사건을 부른다.

이런 특성에서 보자면 욕구를 절대로 억눌러서는 안 된다.

행복해지고 싶다면 내가 좋아하는 일을 하고, 더더욱 즐거운 파동을 뿜어내야 한다.

물론 법률로 금지된 행위나 남에게 상처를 주는 짓은 안 되지만, 남에게 폐를 끼치지 않는 범위라면 내가 행복해지려는 욕구를 얼마든지 추구해도 된다.

옷을 좋아하는 사람은 얼마든지 사 입으면 된다.

그런 사람은 가게에서 옷을 고를 때 원하던 것을 사고 싶다는 욕구를 발산하게 되니까 아주 큰 행복의 파동을 분출한다.

그런데 욕구를 갖는 게 나쁘다고 생각해서 사실은 옷을 열 벌은 갖고 싶은데 한 벌밖에 사지 않거나, 한 벌도 사지 말자고 단념하면 매우 괴로울 것이다.

그때는 괴로움의 파동이 불행을 불러온다.

원하는 것을 사지도 못할 뿐만 아니라 불행까지 불러온다면 뭐가 좋겠는가?

물론 갚지도 못할 정도로 돈을 쓰는 건 안 되지만, 살 여유가 있다면 원하는 걸 마음껏 사도 괜찮다.

이렇게 사도 되나 하고 걱정할 필요도 없다.

그런 불안감을 가지면 불안의 파동이 생기니까 좋아하는 걸 사더라도 불행을 불러올 뿐이니까.

인간이 가진 고통의 파동이
전쟁과 천재지변을 일으킨다

에도시대에는 '사치 금지령'이라고 해서 사치스러운 소비를 금지하는 법령이 있었다.

비단은 사치품이라서 서민은 비단을 사용한 옷을 입지 말라고 했던 것이다.

그런데 신분이 높은 사람들은 비단옷을 입었다.

귀족도, 오오쿠大奧[3]에서도 아름다운 비단옷 입기를 즐겼다.

그런 복식만이 아니라 음식부터 집, 교육, 일까지…… 그야말로 모든 방면에서 서민은 검소한 생활을 강요받았다.

그렇게 철저하게 욕구를 억누르니 서민들로부터는 매우 부정적인 파동이 나오게 되었다.

고통의 파동이 가진 에너지는 엄청났다.

그래서 어떻게 되었을까? 엄청난 일이 터지고 말았다.

역사를 되짚어보면 알 수 있듯 예전에는 곳곳에서 전쟁이

---

3 쇼군의 부인 등이 거처하던 곳.

벌어지곤 했다.

지금은 상상하기도 어렵지만, 일반인도 늘 서로 죽고 죽이는 싸움을 벌였다.

그게 점점 경제가 풍요로워지면서 서민에게도 자유가 허락되자 전쟁도 줄어들게 되었다.

사람들의 파동이 좋아지니까 싸움이 줄어든 것이다.

좋아하는 일을 하고 싶다는 욕구가 우선 충족되면 사람은 서로 싸우지 않게 된다.

현재도 세계 곳곳에서는 분쟁이 일어나고 있는데, 예전처럼 대규모 전쟁은 없어졌으니 확실히 평화로워진 편이라고 할 수 있다. 그건 역시 인간의 파동이 점점 좋아지고 있기 때문일 것이다.

전쟁만이 아니라 천재지변 같은 것도 인간의 파동과 관련이 있다.

쉽게 말하자면, 일본의 인구는 지금 현재 약 1억 2,500만 명인데 그중에서 늘 꾹 참고 사는 사람이 많으면 지진이나 자연재해 등의 천재지변이 자주 발생하게 된다.

반대로 욕구를 발산해서 즐겁게 사는 사람이 많아지면 천재지변도 줄고, 설령 일어나더라도 그 피해를 최소한으로 줄일 수 있다.

파동이라는 건 그 정도로 큰 영향력을 갖고 있다고 할 수 있다.

그렇기에 한 명 한 명 즐겁고 행복한 파동을 방출할 수 있도록 해야 한다.

내 여자친구 숫자가 쭉쭉 늘어나는 것에도 '지구를 지킨다.'라는 중요한 의미가 있다.

천재지변을 줄이기 위해서라도 나는 한 명이라도 더 많이 여자친구를 만들 것이다. 이건 인류를 위해서라도 내가 해내야 할 사명 같은 게 아닐까.

나 자신을 사랑하면
일은 무조건 재미있어진다

'좋아하는 일을 하는데도 어째서인지 잘되지 않는다.'

'바라던 직장을 다니게 되었는데도 몇 년이나 일하다 보니 따분해졌다.'

이런 사람이 제법 많은 것 같다.

'좋아하는 일을 하는데 즐겁지 않을까?'라는 모순된 현상이 일어나는 이유는 바로 나 자신을 사랑하는 방식이 부족하기 때문이다.

좋아하는 일을 할 수 있다니 최고 아닌가.

그렇지만 일과 놀이는 다르다.

재밌고 즐겁다며 일만 할 수는 없다.

인생에는 놀이도 필요하다.

나는 일하는 걸 무척 좋아하지만, 만약 이 세상에 티팬티를 입은 여성이 없다면 참 인생이 재미없을 것 같다.

항상 미녀의 티팬티 모습을 상상하며 즐거워하니까 일을 하더라도 재미있는 것이다.

내가 야릇한 책을 사서 티팬티 차림의 미녀를 구경하는 건 나 자신을 너무나도 사랑하기 때문이다.

왜 나 자신을 사랑하느냐 하면, 그건 바로 항상 나 자신에게 즐거운 일을 하게 했을 때 최고로 좋은 파동이 발생하기 때문이다.

최고의 파동이 최고로 멋진 일을 불러일으키는 것이다.

예를 들어 영업 업무를 하는 사람이라면 큰 계약을 따내게 될 것이다.

물건을 만드는 사람이라면 자신이 제작한 제품이 큰 히트를 칠지도 모른다.

그런 즐거운 결과가 생기면 일은 점점 재미있어진다.

파동만이 아니다. 나 자신을 사랑하는 사람은 주변에서 가만두지 않는다.

그 이유는 즐기는 사람은 늘 행복하고 만족스러운 얼굴을 하고 있으니까.

항상 행복하고 밝아 보이는 사람은 주변 사람들의 호감을 사는 법이다.

그렇게 하면 무슨 어려운 일이 생겨도 다들 도와주니 일이 술술 풀릴 수밖에 없다.

만약 지금 하는 업무에 한계를 느낀다고 하더라도 당신이 행복한 파동을 뿜어내고 있다면 반드시 자신에게 어울리는 일이 최고의 형태로 찾아오게 될 것이다.

당신에게 푹 빠져 있는 거래처 직원의 헤드헌팅을 받거나, 당신에게 딱 맞는 새로운 일자리를 지인이 소개할지도 모른다.

인생을 즐기는 사람은 압도적인 매력이 있으니 주변에서 절대로 그냥 두지 않는다.

그러니 걱정하지 않아도 알아서 좋은 일자리가 점점 몰려들게 된다.

'못말리는 낚시광'의 하마를 본받아라

몇 번이나 드라마나 영화로도 나온 '못 말리는 낚시광'(야마사키 주조 글, 키타미 켄이치 그림, 쇼가쿠간^{小学館})이라는 인기 만화가 있다.

주인공인 '하마'는 엄청난 낚시광으로 일보다 낚시에 더 빠져 산다.

회사를 빼먹고 낚시를 하러 가기까지 한다.

업무 중에도 늘 낚시 생각만 하니까 제대로 일도 못 한다.

그래서 문제를 일으키고 해고당할 뻔한 적이 한두 번이 아니지만, 그럴 때마다 기적이 일어나 간신히 직장을 다니게 된다. 무엇보다 밝고 도저히 미워할 수 없는 캐릭터여서 모두에게 인기도 많다.

그뿐만 아니라 어쩌다 낚시를 통해 절친한 친구 사이가 된 사람이 무려 하마의 회사 대표인 일도 일어난다.

주변 사람들의 사랑을 잔뜩 받고, 대표와도 절친한 사이라니. 엄청난 전개가 아닐까?

다들 '그건 만화 속 세상이니까'라고 생각할지도 모른다.

그렇지만 나는 이게 그렇게까지 허구의 이야기는 아닌 것 같다.

하마처럼 진심으로 인생을 즐기면 정말로 모두의 사랑을 받고, 회사 대표와도 친구가 되는 일이 얼마든지 생길 수 있다고 생각한다.

그러니 하마처럼 살아보자.

그렇게까지 즐겁고 자유롭게 산다면 인생에 나쁜 일이 일어날 리가 없을 테니까.

하마처럼 일을 내팽개치고 하고 싶은 일만 하고 살아도 되냐고 묻는다면, 물론 하마는 일도 빼먹고 낚시를 하러 가지만 당신까지 결근하고 놀러 갈 필요는 없다.

요즘은 일주일에 이틀을 쉬는 게 당연시되는 시대고, 명절이나 공휴일 말고도 연차를 쓸 수도 있으니까.

좋아하는 일을 하는 데 굳이 무리할 필요는 없는 시대이다.

나는 의식한 적은 없지만, 생각해 보면 내 삶의 방식도 하마와 똑 닮아 있는 것 같다. 그래서 생각이 난 일인데, 나는 젊은 시절에 '억만 토라 씨'라는 별명으로 불린 적이 있었다.

'남자는 괴로워男はつらいよ'⁴에 등장하는 주인공 토라 씨와 마찬가지로 항상 어디로 놀러 갔는지 알 수 없지만, 그러면서도 납세액은 일본 제일이라며 다들 나를 '억만 토라 씨(억만장자 토라 씨)'라고 불렀던 것이다.

세상 사람들은 토라 씨 같은 떠돌이는 돈을 못 번다고 생각하겠지만, 절대로 그런 게 아니라고 몸소 증명한 사람이 바로 나이다.

즐겁게 사는 사람은 절대로 가난해질 수 없다.

틀림없이 풍요로운 삶을 누릴 수 있다.

<hr />

4   떠돌이 토라 씨가 발길이 닿은 곳곳에서 만들어내는 사랑 이야기를 그린 텔레비전 드라마, 영화 시리즈.

2

행복이냐 불행이냐는
당신의 '마음먹기'
하나에 달렸다

1%의 힘이라도 좋으니
행복을 향해 등을 떠밀어라

신과 같은 존재인 우리는 어떤 어려운 문제라도 해결할 수 있고, 무엇을 해도 성공할 수밖에 없다.

실패는 일어날 수 없는 일인 것이다.

그런데도 세상에 괴로워하는 사람들이 이렇게나 많은 이유는 다들 눈앞에 일어나는 것을 '문제'라고 보기 때문이다.

그렇지만 사실은 이 세상에서 일어나는 일은 모두 중립적인 것이다.

그 어떤 일도 '좋다.', '나쁘다.'는 없다.

병에 걸리든, 가난하든, 실업을 당했든 전부 그저 벌어진 사건일 뿐이다.

그런 중립에 괴로워하는 건 당신이 '이건 불행한 일이다.'라고 여겨서, 그러니까 당신의 '마음'이 괴로움을 낳는 것이다.

아무리 나쁜 사건으로 보이더라도 '신과 같은 내가 해결 못할 것은 없어.', '이 일을 통해 무엇을 배울 수 있을까?' 하고 생각하는 사람에게는 그 일이 결코 나쁘게 작용하는 일은 없다.

벌어진 사건을 긍정적으로 받아들이는 사람에게는 밝은 파동이 나온다.

그 사건으로 배운 것을 잘 살리면 결과적으로 행복한 일이 저절로 일어나게 되는 것이다.

중립적인 사건을 행복한 결과로 이끌 것인가, 아니면 불행한 결과를 불러올 것인가.

그건 바로 당신의 마음먹기에 달려 있다.

당신의 생각 하나로 현실은 얼마든지 달라진다.

아무리 애를 써도 괴로운 일을 좋게 받아들일 수 없는 사람은 너무 무리하지 않아도 되니 처음만 살짝 의식을 바꿔보자.

100% 완전히 바꿀 필요는 없고, 조금은 부정적인 감정이 남아 있어도 괜찮다.

1%의 힘이라도 좋으니 자신의 등을 행복을 향해 살짝 떠밀어 보자.

사람의 마음은 마치 진자처럼 긍정적으로도, 부정적으로도 왔다 갔다 하지만 밝은 방향으로 기울어졌을 때 살짝 등을 떠밀면 그 기세를 타고 알아서 행복의 길로 몸이 나아가게 된다.

작은 힘이라도 쉽게 행복한 방향으로 기울어지는 것이다.

1%라도 어려운 사람은 0.000…… 1%라도 좋으니 우선 밝은 마음을 가지도록 하자.

그렇게 하면 현실이 확 바뀔 때가 분명 있을 테니까.

밝은 파동을 내뿜고 싶으면
뭐든 가볍게 생각해라

인생은 자신의 '마음먹기'에 달려 있다.

그러면 꼭 '나는 밝은 생각만 해야지.', '부정적인 생각은 하면 안 돼.'라며 이를 악무는 사람이 있다.

그렇게 심각하게 받아들일 필요는 없다.

21세기는 '영혼의 시대'로, 사물을 얼마나 가볍게 생각하는지에 따라 결판이 나니까 절대로 심각해지지 않아도 된다.

아주 옛날에는 전체주의여서 무엇을 해도 나라의 방침을 따라야 했다.

모두 가난해서 개인의 행복이 뒷전이 되어도 어쩔 수가 없었다.

하지만 시대가 변하면서 경제적으로 풍요로워졌다.

풍족해지면서 개인이 각자의 행복을 추구하게 되었다.

그런 시대에서 심각하게 생각하는 행동은 파동을 그저 무겁게 만들 뿐이다.

불행을 스스로 선택하는 것과 마찬가지이다.

밝고 즐거운 파동을 내뿜으려면 아주 가볍게 생각해야 한다.

가볍게 생각해야 긍정적인 파동이 나오는 것이다.

가볍게 생각하는 습관을 익히려면 '저건 안 돼.', '이건 잘못된 거야.'라는 세간의 상식을 깨트리는 것이 제일이다.

예를 들어서 음식을 두고도 대체로 '편식은 나쁜 것이다.'라고 여기는 일이 많을 것이다.

하지만 그건 먹을 것이 부족했던 시대의 사고방식이다.

옛날에는 먹을 게 없어서 편식할 여유도 없었고, 영양적인 면에서 보아도 편식은 받아들이기 어려웠다.

그런데 그러한 사고방식을 여전히 고집하는 것도 이상한 일이다.

모든 것이 풍요로워진 오늘날에 그런 답답한 생각을 할 필요가 없으니까.

편식이 나쁜 것도 아니고, 편식을 하더라도 잘 살아갈 수 있다.

지금은 식품 로스(아직 먹을 수 있는데도 폐기되는 식품)을 줄이기 위한 정책이 추진될 정도로 포식飽食의 시대여서, 무엇을 먹을지 스스로 정할 수 있기 때문이다.

좋아하는 것만 먹어도 영양 섭취가 가능하고, 만약 부족하면 영양제로 보충하면 된다.

여러 가지 일들을 이런 식으로 생각해 보자.

그러면 가볍게 생각하는 습관을 자연스럽게 익히게 될 것이다.

굳이 일하지 않아도 되고,
집에 틀어박혀 있어도 좋다

내가 보기에는 '일하기 싫다=게으른 자'라는 생각도 좀 이상해 보인다.

일하기 싫어서 집에만 있으려는 사람이라고 하더라도 어떻게든 먹고 살고는 있다는 말이다.

부모님에게 경제적 여유가 있어서 지원을 받는다거나 하는 식으로 말이다.

그런 환경에 태어난 사람은 일하지 않아도 생활하는 데 어려움이 없고, 불행해지지도 않는다.

그럼 일하지 않아서 가난에 허덕이는 사람은 뭐냐고 묻는다면, 그건 그 본인 속에 심각하고 무거운 생각이 자리하고 있어서 그런 거라고 할 수 있다.

마음 어딘가에 '일하지 않으면 큰일이 날 거야.'라는 생각이 있으니까, 거기서 나오는 부정적인 파동에 의해 정말로 안 좋은 일이 일어나는 것이다.

큰일 따위는 일어나지 않는다고 진정으로 생각한다면 일하지 않아도 크게 곤란한 일은 일어나지 않을 것이다.

그리고 자녀가 방에 틀어박혀만 있는 히키코모리라면 부모는 어떻게든 그를 밖으로 끌어내려고 한다.

어떻게 하면 밖으로 나올까, 어떻게 하면 일할까 하고 고민하지만 그런 게 바로 너무 무거운 생각이다.

그래서 나는 항상 이렇게 말한다.

"자녀분은 히키코모리가 아니라 '자택경비원'입니다."

그러면 부모님은 웃음을 터트리고 만다.

중요한 건 부모가 우선 자녀에 대해 가볍게 생각해야 한다.

부모의 밝은 파동이 전해지면 자녀도 안심하게 된다.

그럼 안심한 자녀가 집에 틀어박혀 있더라도 즐거운 일을 찾아보려 하게 된다.

그래서 관심이 가는 뭔가를 찾아 배우기 시작하면, 거기서 또 관심의 폭이 넓어져 어느새 사회로 진출해 있곤 하는 것이다.

그러니 부모는 가벼운 마음으로 자녀를 지켜보고 있으면 된다. 물론 사랑이 없는 방치는 나쁘지만, 사랑이 있으면 가벼운 마음으로 대해도 괜찮다.

또한 마음먹기에 따라서는 자녀가 집에만 있으면 부모로서도 편할 것이다.

대학에 가면 등록비도 많이 들고, 거리가 먼 학교에 보내면

하숙까지 시켜야 할 테니까. 돈이 얼마나 들겠는가?

그 반면, 자녀가 집에만 있으면 식사만 챙겨주면 되니까 이렇게 편한 일이 어디 있나 싶기도 하다.

집에 좀 틀어박혀 있다고 해도 그사이에 본인은 반드시 뭔가를 배우게 된다.

걱정할 일은 하나도 없다.

나는 지갑을 잃어버려도
아무렇지도 않다

당신이 지금 지갑을 잃어버렸다고 치자.

그럼 어떤 기분이 들지 상상해 보자.

아마 거의 초조해하고 불안해하면서 불평하거나 풀이 죽지 않을까?

오늘 참 운수 나쁜 날이구나 하고 말이다.

하지만 나는 조금도 실망하지 않는다.

전혀 신경을 안 쓴다.

거짓말이 아니다. 지갑을 잃어버리는 일은 나한테 큰 문제가 아니니까.

그거야 지갑을 잃어버려서 목숨까지 위험해진다면 상황을 달라지겠지만 말이다.

그런 심각한 문제도 아닌데 왜 다들 그렇게 혼란스러워하는 걸까?

한시라도 빨리 신용카드 회사나 은행에 연락해야 한다고 초조해할지도 모르겠지만, 그런 건 전화 한 통으로 끝날 일이니 얼마나 간단한 일인가.

그리고 지갑 속에 전 재산을 넣고 다니는 사람은 없을 테니 지갑을 어디 떨어트렸다 하더라도 갑자기 생활이 곤란해지지는 않을 것이다.

냉정히 생각해 보면 별 대단한 문제가 아니라는 걸 알 수 있을 것이다.

자랑은 아니지만, 나는 예전에 몇 번이나 지갑을 잃어버린 적이 있다.

그렇지만 그런 경험 덕분에 지갑을 벨트에 부착해 보자는 아이디어를 떠올렸고 이제는 지갑을 잃어버리는 일 자체가 없게 되었다.

이런 발명의 계기를 얻었다고 생각하면 '다음부터 조심하자.'라고 가볍게 생각하고 넘어갈 수 있다.

부정적인 감정을 언제까지고 질질 끌고 갈 필요는 없다.

물론 나는 아예 처음부터 부정적인 감정 자체를 느끼지도 못했다.

그렇기에 나는 이렇게나 늘 운이 좋은 것일 것이다.

세간에는 흔히 '이기는 습관'이라는 말을 하곤 하는데, 그런 습관을 몸에 들이려면 사고방식을 바꿔야 한다.

이기는 습관은 다시 말해 '이기는 생각'을 몸에 배게 하는 것이다.

평소에 밝은 생각을 가지는 것.

그러려면 사물에 대해 가볍게 생각해야 한다.

가볍게 생각할 줄 아니까 밝은 사고를 지닐 수 있고, 무슨 일이 생겨도 나쁘게 작용하지 않게 된다. 그러니 성공도 하게 되는 것이다.

따라서 그런 사람은 설령 지갑을 어디 떨어트려도, 어째서인지 잃어버렸던 지갑을 다시 찾곤 한다.

시험에서 빵점?
걱정할 것 하나 없다

사람에게는 '실력'이 있다.

예를 들어 시험을 칠 때 당신의 실력이라면 50점만 받는다고 하자.

그럴 경우에 실력 이상으로 80점을 받을 수는 없을 것이고, 실력 이하가 되는 30점도 받을 수가 없을 것이다.

부모님에게 혼이 나든 뭐든 간에 실력은 변함이 없다.

그렇지만 같은 50점의 실력이라도 '50점이라도 괜찮다.'라고 생각하는 사람과 '50점 가지고는 안 된다.'라고 생각하는 사람 사이에는 발생하는 현상 자체가 전혀 다르다.

50점이라도 괜찮다고 생각하는 건 포기가 아니다.

지금 있는 그대로의 나 자신도 괜찮다고 인정해 주는 것이니까.

그렇게 나를 인정해 주는 것과 반면에 이래서는 안 된다고 부정하는 것에는 그 후의 인생이 천지 차이가 나게 된다.

왜냐하면 당신의 그 생각이 현실을 만들기 때문이다.

나를 인정할 줄 아는 사람은 더 자신을 인정해 줄 수 있는 기쁜 일이 생긴다.

반대로 나는 안 된다고 여기는 사람은 역시 안 된다는 걸 깨닫게만 하는 불운만 일어나게 된다.

그럴 때 나라면 시험 점수가 10점이라고 해도 "와아! 10점이나 맞았다!"라며 크게 기뻐할 것이다.

10점 맞은 것 가지고 기뻐하며 나를 훌륭하다고 여길 줄 아는 사람은 어찌 된 일인지 기적처럼 좋은 일이 일어나게 된다.

아니, 나는 설령 빵점이라도 자신만만할 수 있다.

답안지에 이름만 쓴 것도 대단하지 않은가.

왜냐하면 학교에서 배운 것들은 어차피 내 인생에서는 거의 쓸 일이 없으니까.

써먹지 못하는 건 필요 없다.

목공이 되고 싶은 사람이 좋은 망치나 톱을 갖고 싶어 하는 건 당연하지만, 장사꾼인 내가 가지고 있어보았자 아무 소용도 없다. 공부도 그와 마찬가지이다.

나에게 시험 결과는 크게 중요하지도 않고, 점수가 좋든 나쁘든 그런 것 가지고 충격을 받지도 않는다.

나는 어떤 나 자신이라도 사랑하고 칭찬하면서 살아왔다.

그래서 납세액으로 일본 제일의 자리에 올랐고, 앞으로도 얼마든지 행복해질 수 있다.

괴로울 때일수록 신은
열심히 신호를 보내준다

생각이 잘못되면 반드시 안 좋은 일이 일어난다.

즉 무슨 문제가 발생했다면 '그 사고방식은 잘못된 것이다.' 라는 신이 보내는 신호라고 보아야 한다.

잘못된 생각이 부정적인 파동을 일으키고, 그 파동에 의해 나쁜 일을 일으키게 되니 근본적으로 해결하려면 아예 생각 자체를 바꿀 수밖에 없다.

그런데 그걸 깨닫지 못하고 생각을 계속 바꾸지 않으면, 신이 온갖 방법으로 '그 사고방식은 잘못되었다.'라는 걸 가르쳐 준다.

그게 바로 나쁜 일이 마치 줄줄이 소시지처럼 일어나는 것이다.

그러니 문제가 터지면 가능한 한 빨리 멈춰서 내 생각을 확인해 보는 게 좋다.

왜냐하면 신의 조언을 무시하고 나아가면, 신은 더욱 큰 목소리로 '그건 잘못되었다~'라고 알려주기 때문이다.

하지만 그때는 이미 지옥 같은 괴로움이 기다리고 있을 뿐이다.

신은 절대로 우리를 버리지 않는다.

신의 사랑은 평범하지 않으니까.

무슨 일이 있더라도 신은 우리를 도우려 하니까 본인이 깨닫고 행복한 길로 나아갈 때까지 어디든 함께한다.

그러니 괴로울 때일수록 신은 당신에게 열심히 신호를 보내준다는 것이다.

언제까지고 그걸 알아차리지 못한다면 나 자신이 괴로울 뿐만 아니라 신에게도 미안한 일이 아닐 수 없을 것이다.

정답은 당신의 본심

가족이나 친구로부터 돈을 빌려달라는 부탁을 받으면 거절하지 못하는 사람이 있다.

사실은 빌려주고 싶지 않은데, 억지로 남을 돕게 되는 것이다. 그리고 빌려준 후에 상대방과 연락이 되지 않아 고민하곤 한다.

사실 빌려주고 싶지 않은 마음이라면 처음부터 '미안하다.'라며 돈을 빌려주지 않는 게 좋다.

가족이라서, 친구라서 따위의 이유와는 상관이 없다.

정답은 당신의 본심이다.

본심을 거스르기에 결국 당신이 힘든 일을 겪는 것이다.

내키지 않을 때는 확실히 거절해도 된다.

그렇지 않으면 계속 힘들어질 뿐이고, 그 마음이 부정적인 파동을 일으켜 또 나쁜 일을 끌어들이게 되니까.

그리고 거절하더라도 가벼운 마음으로 전해야 한다.

심각하게 생각하면 거절의 행위가 또 고민의 원인이 될 수밖에 없다.

물론 상대를 돕고 싶다면 기분 좋게, 웃으면서 돈을 내어주면 된다.

아예 돈을 못 받아도 좋다는 마음으로 돈을 건네는 것이다.

그런 가벼운 마음으로 줄 수 없다면 역시 당신은 돈을 빌려주기 싫다는 뜻이므로 미안하다며 사과하면 된다.

가난한 생각을 하면
가난 신이 따라붙는다

당신의 생각이 좋아지면, 얼마든지 행복한 현실을 만들어낼 수 있다. 반면에 당신이 가난한 생각만 하면 가난 신이 따라붙게 된다.

가난한 생각이란 '즐겁게 놀면 안 된다.', '난 돈이 없다.', '인생은 돈이 전부가 아니다.' 같은 쩨쩨한 생각을 일컫는다.

예를 들어 아내가 핸드백 하나를 샀다고 하자.

그럴 때 "당신은 가방만 사대고 난리야?"라는 쩨쩨한 말을 하는 남편에게는 가난 신이 붙어버리게 된다.

풍요로운 생각이란 '가방을 한 개밖에 못 사줘서 미안해. 내년에는 두 개 살 수 있도록 노력할게.'라고 말할 줄 아는 것이다. 지금이 어떤 상황이든 간에 그런 풍요로운 생각을 하는 사람은 정말로 풍요로운 삶을 살게 된다.

그것 말고도 남의 험담, 불평, 푸념, 우는 소리, 자기비하 같은 것도 모두 가난한 생각인데, 그런 가난한 생각을 하는 사람이 사고방식을 고치지 못하고 그대로 죽으면 빈곤령貧困靈이 되고 만다.

여기서 '령'이란 영혼을 의미한다.

죽은 후에 영혼이 천국으로 가지 못하고 이 세상을 헤매면 부유령^{浮遊靈}이 된다고 한다.

불행이 잔뜩 스며들어서 자신이 신이라는 것도, 죽으면 천국에 가게 된다는 것마저 잊고 부유령으로 떠도는 것이다.

따라서 가난한 생각만 했던 이가 살았던 집에, 다음으로 들어가 살 사람은 아주 풍요로운 마음가짐을 가지고 생활해야 한다.

안 그래도 가난 신이 들러붙었던 집이고, 죽은 집주인마저 빈곤령이 되어 떠도니 그야말로 가난의 파동이 두 배가 되는 것이다.

그런 집에 살아야 하는 사람은 어떻게 할 것인가? 정답은 바로 가난한 파동에 지지 않을 정도로 아주 밝은 파동을 뿜어내면 된다.

밝고 즐겁게 웃으며 살면 가난 신은 도망갈 것이고, 가난한 파동도 사라질 테니까.

아내의 풍요로운 파동이
남편의 금전운을 높인다

어느 대부호는 아내가 "여보, 나 부탁이 있는데……." 하고 말하면 그럴 때마다 집 한 채를 살 정도로 큰돈이 날아간다고 한다.

대개는 '제정신이냐.'라고 말할 법한 일이지만, 그 사람은 좀 달랐다.

"그래, 마음대로 써."

그렇게 말하며 아내에게 돈을 건넨다고 한다.

그 행동의 이유는 바로 그는 아내가 좋아하는 일에 돈을 펑펑 쓰더라도, 그 덕분에 아내의 밝고 즐거운 파동이 가족의 운을 높인다는 사실을 알고 있어서이다.

아내가 즐겁게 절약하는 거라면 또 상황은 다르겠지만, 쇼핑하고 싶은 마음을 꾹 참거나 억지로 절약하면 아내의 파동이 떨어지게 된다.

그러면 집에 나쁜 파동이 가득 차서 남편 일도 잘 안 풀리게 되고, 자녀에게도 문제가 생긴다.

하지만 그 아내는 마음껏 쇼핑을 즐기니까 항상 밝은 파동을 퍼트릴 수 있는 것이다.

그 덕분에 남편도 돈을 꾸준히 벌어들일 수 있다.

만약 아내가 쩨쩨한 파동을 뿜기 시작한다면 곧바로 남편의 사정은 나락으로 치달을 것이다.

돈을 쑥쑥 벌 수 있는 것도 다 아내의 밝은 파동 덕분이다.

그렇게 생각할 줄 모른다면 대단한 사람은 못 될 것이다.

확실한 증거가 없는 것은
잘못된 것이다

많은 사람이 세간의 상식을 당연하게 있는 그대로 받아들인다. 혹은 설령 의문을 품더라도 분위기에 휩쓸려서 주변과 똑같이 행동하게 된다.

그렇지만 세간의 상식에는 잘못된 것도 참 많다.

그 증거가 우리나라에는 상식적인 사람이 많음에도 불구하고 다들 고민을 품고 산다는 점이다.

만약 세상에 존재하는 상식이 올바르다면 상식적으로 사는 사람은 모두 행복해져야 할 것이다.

그런데 상식 따위 조금도 신경 쓰지 않는 나는 그 누구보다도 행복하다.

나는 태어나서 지금까지 고민다운 고민은 해본 적도 없고, 계속 성공의 연속 속에서만 살아왔다.

이것만 보아도 얼마나 세간의 상식이 잘못되었는지 알 수 있는 부분이다.

물론 세간의 상식이 모두 잘못되었다는 건 아니다.

세상이 올바를 때도 있다.

그럼 어떻게 그걸 구분하느냐, 그건 바로 '확실한 증거'의 유무이다.

확실한 증거란, 어떤 걸 행하면 당장 행복해질 수 있다는 것을 의미한다.

미래에 행복해진다거나 언젠가는 잘될 거라는 그런 애매한 게 아니다.

실천하면 바로 확실한 증거가 따라온다.

그게 바로 올바른 사고방식이다.

그러니까 '참는 게 최고다.', '노력이 모든 걸 말한다.', '인생은 내 마음대로 되지 않는 게 당연하다.' 같은 상식은 내가 보기에는 전부 잘못된 것이라 할 수 있다.

왜냐하면 이 모든 게 당장의 행복과 이어지는 게 아니기 때문이다.

오히려 고생만 강요하는 것뿐이라 이런 건 그저 불행해질 뿐이다.

지금 바로 행복해질 수 있는 것으로 내 예를 들자면, 티팬티를 입은 여성을 상상하거나 야한 책을 사는 일 아닐까?

아니면 좋아하는 드라이브나 여행을 머릿속으로 떠올리는 것이다.

그것만으로도 지금 이 순간부터 행복한 기분을 맛볼 수 있다. 이런 걸 바로 확실한 증거라고 한다.

즐거운 생각을 떠올리기.

좋아하는 일 하기.

그렇게 하면 바로 행복해지니까 그것이야말로 틀림없는 정답이다.

그리고 신 역시 그런 확실한 증거가 있는 삶을 바라고 있다.

좋아하는 것이 많은 사람일수록 인생을 행복하게 살 수 있다. 항상 인생을 즐기고, 밝은 마음으로 가득 차 있는 사람일수록 운도 좋아진다.

우리 회사가 창업 이후 꾸준히 흑자를 기록하는 것도 대표인 내가 매일 좋아하는 일만 해서 그런 게 분명하다.

내가 있는 곳에서 퍼즐의 조각이 딱 맞아 떨어지는 것.

그건 내가 특별한 사람이어서가 아니다.

내가 '좋아하는 것'과 '즐거움'을 소중히 하면 그 누구든 성공할 수 있고 행복해질 수 있다.

3

'개성'과 '자유'를 알면
마음이 가벼워진다

'유유상종' 파동의 작용

이제까지 몇 번이나 '파동'에 관한 이야기를 반복했는데, 왜 인간에게는 파동이 존재하는 걸까?

그 대답은 '개성'에 있다.

쉽게 말해서 만약 사람에게 파동이 없다면 그건 개성이 없다는 뜻이 된다.

파동은 개성에서 태어나는 것이다.

밝은 개성을 가진 사람에게서는 밝은 파동이 나오고, 부정적인 사고를 가진 사람은 어두운 파동을 내보낸다.

하지만 어두운 파동을 가진 사람이라도 '밝은 생각을 하자.'라고 마음먹으면 그 순간부터 밝은 파동을 내보낼 수 있다.

따라서 '나는 파동이 어두우니까 인생이 잘 풀리지 않는다.' 같은 생각을 할 필요가 없다.

파동이 어둡다면 파동을 밝게 할 생각을 하면 되니까.

언제든 파동은 당신의 마음먹기에 따라 달라진다.

앞에서 말했듯이 파동이 같은 것끼리는 서로 끌리는 법칙이 있다.

항상 즐겁게 사는 사람에게는 즐거운 사람들이 모여들고, 분노나 슬픔 같은 부정적인 감정을 품고 사는 사람에게는 마찬가지로 부정적인 사람들이 다가온다.

흔히 '유유상종'이라는 말을 하는데, 그건 파동에 의한 현상이다.

내 주변에는 즐겁게 사는 사람들이 자연스럽게 모여드는데, 그 이유는 바로 내가 항상 즐거운 파동을 내보내고 있기 때문이다.

나의 즐거운 파동이 공명하는 건 오직 즐거운 사람들뿐이니까.

그리고 사람만이 아니라 식물이나 동물도 모두 파동을 가지고 있어서, 반려동물도 나의 파동과 비슷한 동물을 가까이하게 된다.

중요한 건, 서로의 파동에 공명하면 싱크로니시티 synchronicity(예감과도 같은 우연의 일치)가 일어난다는 점이다.

그 결과, 동시에 같은 생각을 하거나 같은 장소로 가거나 혹은 우연한 만남이 일어나기도 한다.

예를 들어 우연히 유튜브(동영상 공유 서비스) 같은 곳에서 내 이야기를 듣거나, 나의 책을 접하거나 아니면 내 제자의 강연회에 참석하기도 하는 식으로 말이다.

그렇게 자연스럽게 같은 파동의 것이 서로 끌어당기게 되는 법이다.

강한 파동을 내보내면
상대방을 바꿀 수 있다

싱크로니시티만이 아니라 파동에는 '상대방의 파동을 바꾸는' 작용도 있다.

당신의 즐거운 파동은 주변 사람을 즐겁게 해주는 힘도 가지고 있고, 그 반대로 당신이 어두운 파동을 내보내면 그 때문에 주변 분위기도 나빠진다.

그럼 밝은 파동을 가진 사람과 어두운 파동을 가진 사람이 같이 있을 때 어느 파동이 영향을 끼치느냐 하면, 그건 더욱 강한 파동 쪽이 더 큰 작용을 하게 된다.

밝은 사람이 강한 파동을 내뿜으면 어두운 사람을 밝게 만들 수 있고, 어두운 사람의 파동이 강하면 밝은 사람마저 어둡게 만드는 것이다.

사람은 나 말고 다른 누군가를 바꿀 수는 없지만, 유일하게 파동의 힘을 빌리면 그게 가능하다.

당신이 매우 강력한 파동을 내보내면 아무리 화가 나고 짜증 나는 일이 있어도 당신한테만큼은 그 해를 입지 않는다.

어떤 일에도 비관적인 생각밖에 안 하는 사람마저도 어째서인지 활짝 웃게 된다.

그래서 만약 당신 주변에 부정적인 파동을 내보내는 사람이 있으면, 곁에 있는 당신이 매우 밝은 파동을 방출하면 되는 것이다.

그러려면 당신은 언제나 즐겁게 놀고, 좋아하는 일을 마음껏 해야 한다.

그렇지 않으면 어떻게 강력한 밝은 파동을 내뿜을 수 있겠는가?

당신이 즐겁게 노는 건 주변 사람을 구하는 일이기도 하다.

참고로 가족처럼 깊은 사이의 사람들끼리는 멀리 떨어져 살아도 파동이 전해진다.

실제로 한 어머니가 "이번 생에는 좋아하는 일이나 하며 즐겁게 지내자!"라며 도쿄에서 놀며 지내게 되면서, 사가현에 사는 병약한 아들이 점점 기운을 차린 예도 있다.

누군가에게 밝은 기운을 주려면 말 같은 건 오히려 필요 없다. 차분히 대화를 나누거나 뭔가 조언을 해주려고 애를 쓸 것도 없다.

고민하는 사람, 풀이 죽은 사람에게 필요한 건 당신의 밝은 파동이다.

물론 절박한 상황일 때는 적절한 대처가 필요하지만, 그렇지 않으면 상대방이 무슨 말을 하더라도 그냥 흘려듣고 당신은 놀러만 다니면 된다.

그래서 즐거운 일과 재미있는 이야기를 기관총처럼 쏘아대면 된다.

상대방이 듣든 말든 상관없다.

아무튼 상대방의 부정적인 분위기에 휩쓸리지 말고 일방적으로 즐거운 이야기를 마구 쏟아내자.

그렇게 당신이 즐거운 파동을 강력히 방출하면 크게 절망한 사람이라도 반드시 당신의 파동의 영향을 받게 된다.

이 정도로 좋은 특효약은 없다.

병이 아니라 개성이다

최근에 텔레비전이나 신문에서 '주의력결핍 과다행동장애 ADHD'라는 말을 자주 들을 수 있다.

주의력결핍 과다행동장애에는 집중력이 부족하고, 한눈을 팔기 쉽고, 산만하며, 순서를 기다릴 수 없는 등의…… 특징이 있는데, 겉으로 보기에는 평범한 사람과 똑같다.

그래서 장애에 대한 주변의 이해를 얻을 수 없어 생활하기 어렵다고 느끼는 사람이 많다고 한다.

과감하게 말하자면, 이런 경우에는 우선 굳이 주변 사람의 이해를 구하지 않는 게 좋다.

알아주면 좋겠다, 이해해 달라는 절박한 마음 때문에 더 힘들어지는 것이기 때문이다.

힘들 때는 다들 '누구 한 사람이라도 이해해 주는 사람이 있다면……'라는 식으로 말하지만, 그 부분을 굳이 '아무도 이해해 주지 않아도 된다.'라고 생각해 보자.

왜 그런 말을 하느냐 하면, 당신에게 최고의 이해자는 당신 자신이니까.

다른 그 누구도 아니다.

당신이 나 자신을 지켜주지 않으면 누가 하겠는가?

그리고 파동에 있어서도 당신이 '주변의 이해를 얻고 싶다.'라고 강하게 생각하면 할수록 주변의 이해를 받지 못하는 스스로에 대한 부정적인 감정이 커질 뿐이다.

즉 '아무도 날 이해해 주지 않는다.'라는 파동이 쑥쑥 나오게 되는 것이다.

그러면 더욱 당신을 알아주려는 사람은 나오지 않는다.

그러니 주변의 이해를 얻고자 하는 사람이야말로 '내가 나의 최고의 이해자다.'라는 마음가짐을 갖는 게 중요하다.

그보다 주의력결핍 과다행동장애 같은 어렵고 긴 명칭이 붙어 있지만, 나는 그게 병이라고 생각하지 않는다.

최근에는 여러 증상만 보이면 바로 병명이 붙곤 하는데, 그것도 다들 개성의 하나에 불과하다.

개성은 당신이라는 완벽한 사람의 일부이다.

그러니 다른 사람에게 폐를 끼쳐서 미안하다고 느낄 필요는 없다.

물론 학교 선생님이나 회사 상사 입장에서는 대하기 어려울 수도 있다.

하지만 그런 개성이 있는 사람일수록 관심 있는 분야나 특정 장르에서는 깜짝 놀랄 정도의 능력을 발휘할 때가 있다.

선생님이나 회사 상사는 그런 부분에 주목하면 좋겠다.

주변 사람에게 미안하다면 미리 '나는 이러한 개성이 있으니 폐를 끼치게 되었을 때 사과드립니다.'라고 말해두면 된다.

그렇게 했는데도 그걸 전혀 이해하지 못하는 사람이 있다면 그곳은 당신에게 어울리는 곳이 아니니, 더 나답게 있을 장소로 가는 편이 좋다.

나답게 있을 곳이 반드시 있을 테니까.

대처법이 문제다

남과의 약속을 좀처럼 지키지 못하거나, 지각하는 버릇을 고치지 못한다거나 등등 다들 여러 개성이 있다.

그렇게 다소 쉽게 받아들이기 어려운 개성을 가진 사람이 있다면, 아예 처음부터 '원래 이런 개성을 가진 인물이구나.' 하고 어울리면 된다.

예를 들어 술자리를 갖는다고 하자.

그중에서 늘 갑자기 약속을 취소하는 사람이 있다면 미리 참가비를 받으면 된다.

그렇게 해두면 갑자기 취소해서 그로 인한 비용이 발생하더라도 아무도 불편하지 않으니까.

중요한 건 상대방 때문에 곤란한 문제가 발생하지 않도록 대처하는 것이다.

갑자기 약속을 취소하는 사람을 아예 부르지 않는다거나, 부른다면 미리 돈을 받아두거나 하는 식으로 말이다.

지각하는 버릇이 있는 사람이라면 실제 시간보다 더 일찍 말해두거나 하는 것도 좋다.

상대방에게 휘둘리지 않는 방법은 얼마든지 있는데도, 그런 대처를 하지 않고 이리저리 치이는 게 문제이다.

상대방의 개성에 문제가 있는 게 아니다. 안 그런가?

물론 그 사람과 어울리면서 당신에게 무엇 하나 좋을 게 없다면 굳이 억지로 함께 있을 필요는 없다.

하지만 같이 있으면 즐겁고 배울 점이 많다거나 그렇게 당신에게 어떤 이득이 있다면 함께 어울리는 게 좋다. 그뿐이다.

남의 돈에 참견하는 게 아니다

목적이 있어 돈을 저금하기 시작했는데 막상 돈이 모이고 나니 아까워서 쓰지 못한다…….

이런 사람도 있을 것이다.

그런 게 바로 가난한 생각이 아니냐는 의문이 들겠지만, 절대로 그렇지 않다.

당신의 돈은 당신이 원하는 대로 쓰면 된다.

당신이 번 돈은 당신에게 100% 권리가 있고, 당신 책임으로 마음껏 관리하면 된다.

술 한잔하러 나가서 돈을 팍팍 써도 좋고, 카지노에 가거나 보석을 사거나 저금하거나 뭘 해도 당신의 자유이다.

당신의 돈에 참견할 수 있는 사람은 이 세상에 단 한 명도 없다.

중간에 돈 쓰는 곳을 바꿔도 괜찮다.

여기서 잘못이 무엇인가 따진다면 그건 바로 남의 돈에 참견하는 행동이다.

나는 어릴 때 머리를 길게 기른 사람을 보고 "이발소에 가보세요."라고 말한 적이 있다.

그랬더니 어머니가 이렇게 말씀하셨다.

"얘, 남에게 참견하려면 돈도 내야 하는 법이야."

나는 가벼운 마음으로 이발소에 가보라고 말한 거지만, 어쩌면 그 사람은 주머니 사정이 좋지 않아서 이발소에 못 가는 걸지도 모른다.

그때 나는 사람에게는 여러 가지 사정이 있다는 사실을 깨달았다.

사람마다 경제 사정과 돈 쓰는 법이 다르다.

나의 돈을 어떻게 쓸지는 자유니까 내 생각으로 남의 지갑을 억지로 여는 짓을 하면 안 된다는 것이다.

만약 남에게 참견할 거라면, 상대방이 지갑을 꺼낼 필요가 없도록 내가 먼저 돈을 내면 된다.

그렇게 하지 못하겠다면 처음부터 참견하면 안 된다.

물론 아무도 당신의 돈에 이러쿵저러쿵하지 않는 대신 자기 책임은 반드시 져야 하지만 말이다.

돈을 전부 써서 난처한 일이 생기더라도 그건 내 책임이다.

그래서 빚을 지게 되더라도, 당신은 빚을 지면 어떻게 되는지를 잘 배워야 할 것이다.

배움을 위해 빚을 진 거니까 아무리 주변에서 빚 같은 건 지면 안 된다고 말려도 그 순간에는 빚지기를 그만둘 수가 없을 것이다.

사람은 그렇게 자기 책임을 배우게끔 되어 있다.

주변 협박에 휩쓸리지 말아라

나는 예전부터 자유롭게 살아야 행복해질 수 있다고 끊임없이 말했다.

그런데 머리로는 그걸 이해해도 어찌 된 일인지 자유롭게 살 수 없는 사람이 있다.

이유는 그 사람이 너무 성실하기 때문이다.

스스로 성실하게 살아야 한다고 믿으니까 그럴 수도 있지만, 대부분의 경우를 보면 주변에 자꾸만 시끄럽게 훈수를 두는 사람이 있어서이다.

성실함을 강요하는 아주 성가신 사람이라고나 할까.

누가 뭔가를 시작하려고 하면 꼭 나서서 "그런 쉬운 생각으로 하면 될 것도 안 돼."라면서 협박을 한다.

좀 잘되는 사람이 있으면 "이번에는 운이 좋아서 그렇지 더 노력하지 않으면 다음에는 실패할걸?" 하며 찬물을 끼얹기도 한다.

그렇게 쓸데없는 참견만 해대는데, 그러는 당신은 대체 얼마나 성공했길래 그러냐고 물어보고 싶을 정도다

미안하지만 그런 사람의 협박은 무시하는 게 최고이다.

원래 협박이라는 건 공포심에서 태어나는 것이다.

실패하면 안 된다, 잘못되면 안 된다, 남에게 폐를 끼치면 안 된다는 공포심이다.

협박을 곧이곧대로 듣는 건 상대방에게서 오는 공포의 파동을 그대로 받아들이는 것과 마찬가지이다.

그건 아주 무서운 일이다.

공포의 파동을 받아들이면 더더욱 무서운 공포를 느끼게 하는 사건을 불러일으키게 되니까.

어떤 일이든 간에 성공에는 열정이 필요한 법이다.

당신이 열정의 파동을 내보내면 반드시 더 열정을 기울이게끔 하는 현실이 일어나게 된다. 그게 바로 성공이다.

그럼 무엇에 열정을 가질 수 있느냐면, 그건 바로 자유롭게 즐겁게 할 수 있는 일이다.

그러니 좋아하는 일만 해야 하는 것이다.

성공하고 싶으면 남의 협박을 듣고 있으면 안 된다.

멋 부리기를 좋아하는 사람은 누군가가 "그렇게 돈을 흥청망청 쓰지 말고 더 유익한 곳에 투자하는 게 어때?"라고 협박해도 무시하자.

만약 당신이 그 협박에 굴해서 갑자기 '세계 평화를 위해 옷값을 절약하고, 그만큼 기부할 것이다.' 같은 성실한 소리를 하면, 순식간에 불행해질 것이다.

아니, 물론 당신이 진정으로 기부하고 싶다면 그것도 좋다.

당신은 자유롭게 좋아하는 일을 하고 살면 되니까.

즐기면 즐길수록 풍요롭고 행복으로 가득 찬 인생이 될 것
이고, 그게 바로 주변 사람을 위한 길이다.

성공하면 눈에 띄는 건 당연하다

조금 성공하면 주변에서 '그렇게 튀면 고생한다.'라는 식의 말을 듣곤 한다.

우리는 보통 '눈에 띄면 안 된다.', '나 자신을 너무 드러내면 안 된다.'라고 하지만, 성공하면 눈에 띄게 되는 게 당연하다.

나무도 성장하면 커지고, 주변 나무보다 크면 당연히 눈에 띌 수밖에 없다.

그렇게 눈에 띄지 말라고 한다면, 그런 말을 하는 사람이나 눈에 띄지 않게 몸을 수그리라고 하고 싶다. 나는 자유롭게 살고 싶으니 이래라저래라 하지 말라고 말이다.

내 인생에 참견해도 되는 건 나뿐이다.

남이 뭐라고 할 이유가 없다.

누군가가 '튀지 마라.'라며 억누르려고 해도 신경 쓰지 말고 내 뜻대로 하면 된다.

남의 충고를 무시하면 "다 너를 생각해서 하는 말인데!"라며 벌컥 화를 내는 사람도 있지만, 화를 내고 싶은 사람은 그렇게 화를 내게 내버려 두면 된다.

아니, 그보다 튀고 싶은 사람에게 '튀지 말라.'라고 하는 것

자체가 오히려 상대방이 나를 더 화나게 하는 일 아닌가?

그 사람이야말로 먼저 남을 화나게 해놓고, 그게 다시 자신에게 되돌아온 것뿐이다.

그렇게 귀찮게 구는 사람을 화나게 하지 않게 하려면 내가 먼저 뜻을 꺾고 상대방의 말을 따라야 한다.

하지만 왜 그런 식으로 참아야 하는가?

누군가의 지시에 따라서만 움직이고 싶지 않을 것이다.

상대방의 의견을 무시하는 건 마음이 무거울지 모르겠지만, 그런 것에 지지 말고 나의 의지를 관철하면 곧 아무도 쓸데없는 소리를 하지 않게 된다.

그러면 이후부터는 아주 삶이 편해지게 된다.

'튀면 안 된다.', '너무 눈에 띄니까 가만히 있어라.'라는 압력을 주는 사람이야말로 사실은 당신이 자기보다 더 도드라지게 보이는 걸 원치 않는 것뿐이다.

나 말고 다른 사람이 잘나가는 게 싫으니까 그런 말을 하는 것이다.

즉 '넌 내 밑에 있어야 해.'라는 암묵적인 뜻을 전하는 것과 같다.

'다 너를 위해 충고하는 것이다.'라면서도 사실은 자신을 당신보다 더 위에 놓고 보는 것이다. 참 못된 성격이 아닐 수 없다.

그런 사람이 하는 말은 절대로 귀를 기울이면 안 된다.

물론 눈에 띄지 않고 사는 게 행복하다면 그 사람은 자기 의지로 조용히 살면 될 일이다.

우리는 자신이 좋아하는 일을 즐기고 뜻대로 살면서 행복해지기 위해 이 지구에 태어났다.

눈에 띄든 말든 어느 쪽이든 간에 그건 자유이다.

내 생각을 남에게 강요하지 않고 모두 마음껏 살아가면 되는 것이다.

제자가 스승보다 뛰어나도 좋다

이전에 내가 재규어라는 차를 타고 다닐 때, 내 제자도 똑같이 재규어를 사서 몰고 다닐 때가 있었다.

그랬더니 '제자는 스승보다 더 수수한 차를 타야 한다.'라고 하는 사람이 있었다.

즉 제자는 스승보다 더 나서면 안 된다는 건데 나는 제자가 헬리콥터를 사든, 제트기를 사든 상관없다.

왜냐하면 그걸 나한테 사달라고 한 건 아니니까.

아니, 제자가 그렇게나 풍족하게 사는데 오히려 기쁘다.

제자가 무엇을 사든, 혹은 나보다 더 튀어도 괜찮다.

각자의 자유니까.

나는 사실 아주 소박하다.

고급스러운 가게보다도 백반집이나 메밀국수 가게를 더 좋아하고, 초밥집에 가더라도 싼 것만 먹는다.

물론 쩨쩨한 절약이 아니라 내가 좋아하는 게 거의 싼 것뿐이라서 그런 것이니 나는 그저 행복할 뿐이다.

다만 내가 그렇게 산다고 해서 제자한테까지 그걸 강요하는 짓은 절대로 안 한다.

"좀 더 멋 부리기를 즐겨라."

"원하는 게 있으면 얼마든지 사라."

이렇게 자유롭게 살도록 권한다. 내가 보아도 세상에 이렇게 제자한테 마음껏 살라고 하는 스승도 없을 것이다.

에미코(내 제자 중 한 명인 시바무라 에미코)는 원래 가수가 되는 게 꿈이라서, 아주 유명해지길 바라는 사람이다.

심지어 얼마 전에는 무려 할리우드에서 뮤직비디오 촬영까지 했다.

이 비디오를 유튜브에 소개했더니 엄청난 화제를 모아, 일본의 텔레비전 방송국을 비롯하여 미국의 인기 라디오 방송에서까지 출연 제의가 쇄도했다.

나보다 훨씬 더 튀는 생활을 하고 있다.

하지만 유명해지고 싶다면 얼마든지 유명해지면 된다.

그렇게 내 소중한 제자가 꿈을 이루려 하고 있으니 나는 그걸 많이 돕기만 하면 되니까.

에미코 같은 사람은 유명해지는 길을 잘 나아가도록 되어 있는 거고, 반대로 튀기 원치 않는 사람은 그런 조용한 길에서 성공하도록 되어 있는 것이다.

원하는 대로 살면 모두 잘 살아갈 수 있다.

외모와 인간성은 상관없다

오래전에 외국 영화를 보고 참 대단하다는 생각을 한 적이
있다.

사무실 장면이 나오면서, 한 남자가 상사에게 불려갔다.

그런데 그 남자가 상사 앞에서 껌을 찍찍 씹어대고 있지 않
은가.

그것만으로도 깜짝 놀랐는데, 상사는 아무렇지도 않게 용건
을 전달하고 끝이었다.

어? 부하 직원이 일하면서 껌을 씹어대는데 혼내지도 않는
거야?

우리 같았으면 아무리 일 잘하는 사람이라도 절대로 용납되
지 않는 행동이다.

그렇게 껌을 짝짝 씹으면 틀림없이 상사의 심기를 건드리고
말 테니까.

상사 앞에서 껌을 씹든 말든 그것과 업무 능력과는 전혀 관
련이 없는 건데도 허용되지 않는다.

우리나라는 체면을 중시하는 나라라서, 업무와는 상관도 없
는 일까지 참 말이 많다.

학교도 마찬가지이다. 이렇게나 자유로운 시대가 되었는데도 여전히 학교는 학생들의 두발이나 복장을 일일이 확인한다는 말이다.

하지만 머리 모양이나 복장은 그 아이의 인간성과는 전혀 관련이 없다.

어른들은 틈만 나면 '애들을 자유롭게 놔두면 불량해진다.'라고 하지만, 그럼 자유를 빼앗으면 불량 학생이 완전히 사라질까?

솔직히 예전에는 지금 이상으로 자유가 없었는데도 불량한 사람들이 잔뜩이었다. 오히려 지금이 더 불량한 사람들이 더 줄어든 것 같지 않은가? 자유와 불량해지는 게 무슨 실제 증거가 있는 것도 아니다.

그리고 아이들을 믿지 못하겠다니 학생들한테 실례 아닌가? 두발과 복장 규정으로 규제하지 않아도 다들 착하기만 한 아이들이다.

착한 아이들을 왜 머리 모양과 복장을 문제 삼아 불량 학생이라는 꼬리표를 붙일까?

여학생은 교복 치마가 길든 짧든 혼이 난다. 선생님이 자를 가지고 와서 일일이 치마 길이를 재기도 한다.

나도 학창 시절에 자주 그런 풍경을 보았다.

어쨌든 두발이나 치마 길이를 따지는 건 내가 보기에 거의 이상하다는 위화감밖에 들지 않는다.

요즘 아이들에게 머리 염색은 패션의 일환이다.

불량해서 노랗게 머리를 물들인 게 아니다.

자유롭게 놔뒀다고 해서 큰 문제가 벌어질 리는 절대로 없다. 금색이든, 갈색이든, 검은색이든 어떤 색으로 염색하든지 간에 착한 아이는 착하다.

외모와 인간성은 상관없으니 사람을 겉만 보고 판단하면 안 된다.

다들 자신에게 어울리는 머리 모양과 옷이 있는 것이다.

나한테 어울리는 패션을 즐기는 게 뭐가 잘못인가?

4

남과 다른 해석을 하면
진실이 보인다

세상 모든 것은 반드시 짝을 이룬다

어떤 사람이 초등학생 때 담임 선생님께 이런 말을 들었다고 한다.

"따듯한 봄에 피는 꽃이 아니라, 추운 계절에 피는 매화 같은 사람이 되렴."

찬바람 속에서도 꽃을 피우는 매화가 되라는 것은 아마도 '아무리 힘든 일이 있어도 참고 버텨서 빛을 내라'라는 뜻일 것이다.

그 사람은 줄곧 선생님이 해주신 말씀을 믿고 살아왔지만, 어느 날 내 가르침을 만나고 깜짝 놀랐다고 한다.

왜냐하면 노력은 필요 없다느니, 참지 말라느니 선생님이 해주신 말과는 정반대의 것들뿐이었으니까.

물론 선생님의 말씀이 잘못된 건 아니다.

힘들어도 꿋꿋이 참는 것이 좋은 사람은 그렇게 해도 된다.

그 사람에게는 그게 올바른 길이니까.

하지만 내 방식으로 말하자면, 매화는 추운 계절을 좋아하는 것뿐이다.

억지로 애써서 추운 날씨에 꽃을 피우는 게 아니란 말이다.

매화는 매화가 편한 대로 꽃을 피운다. 보리는 보리가 편한 대로 알곡을 맺는다.

세상은 전부 그렇게 돌아가게 되어 있다.

추운 계절에 꽃을 피우는 데는 매화에게 뭔가 좋은 부분이 있어서 그런 것이다.

벌새라는 10cm 정도 되는 작은 새가 있다.

부리는 마치 빨대처럼 가늘고 길어서 꽃 속에 부리를 집어넣어 꿀을 빨아 먹는데, 그 벌새가 꿀을 빠는 데 적합한 꽃이 있다.

예를 들어 긴 통 모양의 꽃의 경우에는 기다란 부리를 갖지 않으면 꿀을 못 빠니까 벌새에게는 식량을 두고 다른 새나 곤충과 싸울 필요가 없어서 좋다.

한편 꽃의 입장에서 보자면 벌새는 꽃가루를 옮겨주는 중요한 매개자이다.

벌새는 자신에게 편리한 꽃의 꿀만 빨러 가니까 마치 그 꽃 전담 매개자 같은 식으로 효율적으로 꽃을 위해 수분^{受粉}을 이루어지게 해주는 것이다.

자연계에서는 이런 식으로 서로에게 이익이 되는 '짝'이 많이 있어서, 이에 맞춰 진화하고 있다.

'매화'와 '추위'도 어떠한 이유가 있는 짝이다.

매화는 자기에게 이득이 있으니까 추운 날에 꽃을 피우는 것뿐이지, 우리가 박수갈채를 보내며 따라 할 만한 게 아니다.

각자 나름의 상황이 있는 것이다.

표면적인 것만으로 판단하면 안 된다.

약해진 마음은 상대방을
기어오르게만 할 뿐이다

한 여성이 이러한 일로 고민했다.

"남편은 수입이 많다는 걸 자랑으로 여기는 사람인데, 내가 집안일이나 육아를 좀 맡기면 금방 싫은 얼굴을 해요. 돈 한 푼 못 벌면서 집안일까지 나한테 떠맡기지 말라면서요. 횡포만 부리는 남편에게 배려심을 바라는 게 그렇게 어려운 일일까요?"

이런 경우에는 상대방에게 배려심을 갖길 기대해 보았자 아무 소용이 없다.

그렇게 잘난 척만 하는 남편에게는 이렇게 말해주면 된다.

'집안일을 돕지 않겠다면 돈이라도 더 벌어서 가사도우미를 고용해!'라고요.

여자라도 엄청난 수입을 벌어들이는 사람이 많다.

아내가 진심으로 일에 덤비면 남편보다 훨씬 더 돈을 잘 벌 수 있다.

하지만 그러지 않고 집안일을 도맡아 하니까 내가 일해서 벌 정도의 생활비나 내놓으라고 딱 잘라 말하면 된다.

그리고 그렇게 못 하겠다면 잘난 척은 하지 말아야 한다.

중요한 건 그런 말을 듣고 가만히 있는 것이 안 되는 것이다.

아내가 약한 파동을 내보내니까 남편이 기어오르는 것이다.

유감스럽게도 그 남편은 아내를 얕보고 있다.

무슨 말을 해도 어차피 아내는 반박도 못 하겠지 하는 생각을 하는 것이다.

그렇지만 지금까지 묵묵히 참아온 사람은 이제 와서 맞서 따지는 게 어려울지도 모른다.

그런 경우는 어떻게 하면 좋을까? 우선 마음만이라도 강하게 먹어보자.

아무 대꾸를 못 하더라도, 평소에 '나도 할 말이 있을 때는 한다고!'라고 생각하는 것만으로도 당신의 파동은 강해진다.

그게 남편에게 전해지면 틀림없이 기분 나쁘게 하는 언동은 줄어들 것이다.

우리 민족은 쌀에 의해 움직인다

가끔 사물을 반대쪽에서 보는 것도 참 재미있다.

예를 들어서 우리나라 사람들은 자신들이 주식으로 쌀을 선택한 줄 아는데, 바로 그런 착각을 하는 존재가 인간이다.

우리 민족은 쌀의 선택을 받은 것이다.

우리 민족은 쌀에 의해 움직이는 것이다.

적어도 나는 그렇게 생각한다.

왜냐하면 우리 민족만큼 근면한 민족도 없어서, 아무리 덥고 추워도 농땡이 부리는 일 없이 밭을 갈고 농작물을 가꾸지 않는가? 제초 작업도 게을리하지 않는다.

그 덕분에 쌀도 종자 보존이 잘되어 있다.

게다가 우리는 연구를 열심히 하니까 각지의 기후에 적합한 품종을 끊임없이 창출해 낸다.

그래서 쌀의 입장에서도 계속 우리 민족의 주식으로 있기 위해 시대가 흐르면서 조금씩 맛을 변화시킨다.

우리 민족이 '역시 쌀이 최고라니까.'라고 느낄 만한 맛으로 쌀 스스로가 조정하고 있는 것이다.

물론 이 이야기는 농담이다.

하지만 그렇게 생각하면 재미있지 않을까?

우리 민족이 쌀의 선택을 받았다거나 쌀 때문에 움직인다거나, 그런 생각은 나 말고 하는 사람도 없을 것이다.

그런 바보 같은 이야기를 생각해서 무슨 소용이 있느냐고 하는 사람이 있을지도 모르겠지만, 이런 엉뚱하고 참신한 사고가 있기에 여러 아이디어가 태어나는 것일지도 모른다.

그래서 나는 어릴 때부터 사물에 대한 시점을 다양하게 가지려 했다.

여러 가지 것들을 남들의 반대쪽에서 보았던 것이다.

세상에서 일어나는 일을 '이게 사실일까?' 하는 시점으로 보면 전혀 다른 풍경이 눈에 펼쳐지게 된다.

남과 다른 해석을 함으로써 뜻밖의 진실을 찾을 수도 있어서 참 재미있다.

'이득을 보고
더 큰 이득을 취해라'가 정답

'손해를 보고 더 큰 이득을 취해라'라는 속담이 있다.

일반적으로는 '눈앞의 이득에만 빠지면 손해를 볼 수 있다.', '지금은 손해를 보더라도 나중에는 이득을 볼 때가 있다.'라는 의미로 쓰는 말이다.

하지만 나는 이 말에 매우 큰 위화감을 느낀다.

이득을 보려면 왜 손해를 보아야 하느냐 이것이다.

지금 이 자리에서 이득을 보고도 내일이나 내일모레도, 어쩌면 미래까지 이득을 볼 수 있을지도 모른다.

이득을 보기 위해 굳이 손해를 볼 필요가 있겠는가.

'이득을 보고 더 큰 이득을 취해라'.

이게 정답이다.

그런 게 어떻게 가능할까 하고 의문을 품겠지만 실제로 내가 그런 인생을 걸어왔다.

예를 들어 라면 가게를 오픈할 때 '첫 사흘 동안은 라면 한 그릇 당 2천 원'이라는 서비스를 준다고 하자.

그렇지만 2천 원이라는 가격을 보고 찾는 손님은 그 라면이 정가가 된 순간 바로 발길을 끊는다.

한 그릇에 2천 원짜리 라면이라고 선전하면 인지도가 올라가 한 번 맛본 손님이 단골이 되어서 앞으로 더 가게가 번창할 줄 알았는데, 막상 뚜껑을 열어보니 사람들이 와주질 않는 것이다.

이래서는 바로 손해를 보고 손해를 취한 꼴이 되는 것이다.

맛있는 라면을 내놓을 자신이 있다면 쓸데없는 서비스는 하지 말고 처음부터 정가로 승부하면 될 일이다.

5천 원짜리 라면이라도 손님에게 '이건 만 원의 가치가 있다.'라고 말할 정도의 라면을 제공하면, 그 가게는 반드시 번창한다.

손님에게도 한 그릇에 2천 원으로 라면을 먹을 수 있는 게 무조건 이득이 아니다.

맛있는 라면을 항상 먹을 수 있는 것이 오히려 진정한 의미에서 보았을 때 손님에게 이득이다.

이 책도 공짜로 돌린다 하더라도 읽을 가치가 없는 내용이라면 아무도 원하지 않을 것이다.

만 원 이상의 돈을 내더라도 아깝지 않을 정도의 가치가 있어야 모두가 가지고 싶어 하는 것이다.

좋은 일은 모두가 득을 보게 되어 있다

그보다 손해를 보고 더 큰 이득을 취하는 일이 정말 있긴 한 걸까?

하나라도 실제 사례가 있다면 납득이라도 하겠지만, 적어도 나는 그런 실제 예를 본 적도 들은 적도 없다.

그래서 전혀 이해도 안 가는데, 만약 다른 사람들도 실제 예를 본 적이 없다면 대체 왜 '손해를 보고 더 큰 이득을 취해라.'라는 말을 믿는지 참 이상한 일이 아닐 수 없다.

그럼 왜 '손해를 보고 더 큰 이득을 취해라.'라는 말이 생겨난 것인가? 아마도 그런 말을 만든 사람이 미숙해서 그런 게 아닐까?

그리고 그 말을 들은 사람도 미숙했으니까 그 말을 믿어버린 것이다.

아무리 보아도 그렇게밖에 생각이 들지 않는다.

좋은 일은 반드시 모두가 이득을 보게 되어 있다.

그 누구도 손해를 보는 일이 없다.

남에게 친절을 베풀면 가끔 '착해서 호구 되기 딱 좋다.'라는 말을 들을 때가 있는데, 남을 친절히 대하는 건 결코 손해 보는 일이 아니다.

사실 남을 친절하게 대하면 나 자신도 기분이 좋아지지 않는가?

게다가 상대방이 고마워하기도 한다.

서로 이득을 보게 된다.

좋은 일이라는 건 원래 이런 식으로 이득을 보고 더 큰 이득을 보도록 되어 있는 것이다.

하지만 그걸 가지고 너무 착해 빠졌다고 하는 사람은 누군가에게 뭔가 해주려는 행동을 괜한 힘만 빼는 손실이라고 생각하는 것이다.

아마 그런 사람이 누군가에게 친절을 베풀 때는 자신의 이익을 기대하고 마지못해 수고를 들이는 걸 것이다.

이런 말을 하면 미안하지만, 그런 생각을 하는 사람은 무엇을 하더라도 성공하지 못한다.

그런 '마지못한 태도'가 틀림없이 그 사람의 파동이 되어 나올 것이고, 그 나쁜 파동이 불러오는 건 역시 안 좋은 일들뿐일 테니까.

만사가 잘 풀리는 사람은 수고를 들인다거나 손해를 본다거나 하는 생각은 안 한다.

오히려 인간으로서 당연하게 누구에게든 잘해주고 싶다거

나 내가 누군가의 도움이 될 수 있다면 얼마든지 힘을 빌려주고 싶다고 생각한다.

건전한 경영이니까
싫은 일을 거절할 수 있다

어떤 사람이 이렇게 말했다.

"작은 회사지만 성공한 경영자가 있습니다. 이 사람은 전에 큰 판매 계약을 따낼 기회가 있었는데, 계약서에 사인하기 직전에 '이 거래처와 일을 하면 싫은 일을 꾹 참고 하게 될 것이다.'라는 사실을 깨닫고 고민이 되었지만 계약을 하지 않았다고 합니다. 그런데 그 계약을 하지 않은 덕분에 이후 더 큰 계약을 따냈습니다. 이런 경우는 손해를 보았지만 결국 큰 이득을 본 게 아닌가요?"

이런 경우는 애당초 '손해를 보고 더 큰 이득을 취해라.'라거나 '이득을 보고 더 큰 이득을 취해라.' 같은 문제가 아니다.

평소의 경영 체질이 시험대에 오르는 상황이다.

이 경영자는 우연히 다음에 큰 계약을 따낼 수 있어서 다행이지만, 만약 다음에 좋은 일거리를 얻지 못하면 어떻게 되는 걸까?

그렇게 생각해 보면, 경영자는 운에만 맡기는 행동을 하면 절대로 안 된다.

평소에 건전한 경영을 굳건하게 해나가야 한다.

빚만 지고 내일 지불할 돈도 없어서 허덕이는 회사라면, 내키지 않는 고객에게도 머리를 숙여야 할 것이고 아무리 싫은 일도 거절하지 못한다.

그런데 하기 싫은 일이라서 거절할 수 있는 건, 빚 하나 지지 않고 회사 경영을 하고 있거나 혹은 경영 상태가 탄탄하기 때문이다.

배가 고파서 견딜 수 없는 사람은 "이 빵은 좀 상했는데."라는 말을 들어도 그걸 먹지 않는가?

뭘 어떻게 할 여력이 없으니까 배탈이 날 가능성이 있든 말든 굶어 죽는 것보다는 낫다며 상한 빵을 먹는 것이다.

그렇지만 평소에 충분한 식량을 비축하는 사람이라면 상한 빵은 절대로 안 먹을 것이다. 그와 마찬가지이다.

아무리 작은 회사라도 뼈대가 튼튼하면 진상 손님이 오더라도 "당신과는 일 안 합니다."라고 거절할 수 있다.

그 순간에만 해당하는 문제가 아니다.

아주 이전부터 쌓아온 경영 체질이 상황을 좌우하는 것이다.

돈 공부는 3세부터 시작해도 늦다

나는 어릴 때 하루 200원의 용돈을 받았다.

그 당시 어린이의 용돈을 하루 50원이나 100원 정도가 다였는데, 200원이라니 상당히 많은 편이었다.

그런데 어느 순간부터 용돈을 한 달 단위로 받게 되었다.

한 달에 6,000원으로.

별생각 없이 돈을 쓰니 거의 보름쯤 지나면 용돈이 거의 바닥을 보이게 되어서 늘 후반에는 쪼들리곤 했다.

그때 깨달았다.

하루 200원씩 받는 것과 한 달에 한 번 6,000원을 받는 것에서 어떻게 돈을 쓸 것인지 그 계획 자체가 아예 다르다는 사실을.

이렇게 계획성이 몸에 배게 되면 세뱃돈 같은 임시 수입이 생겨도 자연히 '이걸 어떻게 쓸까?' 하고 생각해 보게 된다.

이번에는 만 원만 쓰고 남은 건 저금할까.

이런 식으로 어린이 나름대로 계획하며 돈을 관리한다.

그리고 평소에는 매월 용돈만으로 잘 버텨야 하지만, 임시 수입이 있으면 주머니가 든든해지고 여유가 생기니까 그 기쁨에 임시 수입의 고마움도 잘 느끼게 된다.

그래서 나는 한 달에 한 번 용돈을 6,000원을 받게 되었는데, 스스로 돈 관리를 하는 사이에 어떤 사실을 깨닫게 되었다. 이번 달은 31일까지 있는데 6,000원밖에 못 받다니 이상한 거 아닌가 하고 말이다.

31일까지 있는 달은 200원을 손해 보는 것이 아닌가?

우리 아버지의 재미있는 점은 아들이 그걸 스스로 깨닫게 하려고 일부러 6,000원밖에 안 주었다는 데 있다.

어린아이도 자신의 돈을 스스로 관리하게 하면 돈을 소중히 할 줄 알고 소비의 계획성을 익히게 된다.

그럼 몇 살부터 돈 관리를 시켜야 하느냐. 내 생각으로는, 3세 즈음부터 서서히 돈 쓰기에 적응하게 하는 게 좋다.

나는 명색이 사업가니까 돈에 대해 배우는 시기는 빠르면 빠를수록 좋다고 본다.

사업가는 돈과 친해야 하니까.

샐러리맨은 회사가 돈을 대신 관리해 주지만, 사업가는 그럴 수가 없다.

돈을 너무 많이 쓰면 남는 게 없어 곤란해진다거나, 필요한 돈은 따로 묶어놔야 좋다거나 등 전부 내 책임이다.

그래서 어릴 때부터 돈 쓰기에 익숙해지는 게 좋다.

물론 어린이가 장래에 어떤 직업을 갖게 될지는 알 수가 없다. 하지만 사업가가 될 가능성을 고려한다면 가능한 한 일찍 돈을 접하고 친숙함을 느끼게 하는 편이 더 마음이 든든할 것이다.

세 살은 너무 이른 게 아닐까 하는 사람도 있겠지만, 세간에서는 영어나 피아노도 3세부터 배우는 편이 좋다고 하지 않는가. 그것과 마찬가지이다.

어린 나이부터 금전 관리를 시키면 돈만이 아니라 인생의 여러 가지를 스스로 정할 줄 알게 된다. 돈에 관한 공부를 통해 나답게 살아가는 힘을 익히는 것이다.

남과 사이좋게 지내는 일에
에너지를 쓰지 않아도 된다

인간관계 이야기를 하면, 대개 '웃음(혹은 분노) 포인트가 같은 사람', '좋아하는(혹은 싫어하는) 게 같은 사람', '가치관이 같은 사람' 등 나와 잘 맞는 점에 대한 특징을 언급한다.

나는 그런 조건을 신경 쓴 적이 없다.

아니, 그런 틀에 맞추는 걸 좋아하지 않는다.

그럼 묻겠는데, 만약 너무너무 싫어하는 사람이 나와 같은 음식을 좋아할 때 그걸 보고 상성相性이 좋다고 할 수 있는가?

미안하지만 설령 이론상 상성이 잘 들어맞는다고 하더라도, 나 같으면 싫은 사람을 도저히 좋아할 수는 없을 것이다.

결국 따지고 보면, 세상은 남들과 다 사이좋게 지내게 하려고 한다.

그런 의도가 뻔히 보이니까 나는 틀에 맞춰 움직이는 게 싫은 것이다.

집단 괴롭힘 문제 같은 것도 학교 선생님은 사정을 잘 모르니까 상대방이 괴롭힘의 주동자든 뭐든 무조건 '사이좋게 지내라.'라고 쉽게 말한다.

솔직히 남을 때리고 돈을 빼앗는 사람과 어떻게 친하게 지낼 수 있겠는가?

나는 그렇게 보기도 싫은 사람을 친구라고 불러야 하는 이유를 도저히 이해할 수 없다.

우리는 예전부터 '모두와 사이좋게 지내라.'라고 하는데, 나는 친하게 지내는 데 에너지를 쓸 필요가 없다고 본다.

그런 일에 소중한 에너지를 쓰고 싶지 않다.

에너지를 쓸 바에야 좋아하는 일에 쓰고 싶다.

그보다 싫어하는 사람을 애써 좋아하려 노력해 보았자 더욱 싫어지기만 할 뿐이다.

정말로 마음이 맞는 사람이라면 의식하지 않아도 상성이 좋다는 걸 알 수 있고, 노력 같은 건 하지 않아도 자연히 좋아하게 되는 법이다.

그리고 절친한 친구라는 건 일생에서 다섯 명만 있어도 충분하다.

아니, 더 적어도 이상할 게 없다.

친구는 자연스레 생기는 게 당연하지, 억지로 만들려 애를 쓰는 게 아니다.

별이 돋보이는 건
밤하늘이 어두우니까

어느 시대든, 어떤 세상이든 회사에는 여러 사람이 있다.

좋은 사람도, 나쁜 사람도 있다.

아무 잘못도 하지 않았는데 폭력 피해를 당하는 일이 생기면, 왜 이 세상에는 폭력을 가하는 사람이 있는가 의구심이 들게 된다.

그 대답은 바로 미숙한 영혼에 있다.

폭력을 휘두르는 사람은 영혼이 미숙해서 선악에 대한 구분을 못 한다.

그리고 세상에는 지독하게도 나쁜 사람이 있으니까, 착하고 훌륭한 사람이 더 도드라지게 보이는 것이다.

밤하늘이 어두우니까 별이 유난히 잘 보이는 것처럼 악인이 있음으로써 선한 사람의 아름다움을 이해할 수 있는 것이다.

그럼 이 세상에서 분노와 증오를 없앨 수는 없느냐. 그렇다……. 아마도 앞으로 1만 년 정도 지나면 상당히 줄어들지 않을까 싶다.

0이 되는 일이야 없어도, 아마 크게 줄어들긴 할 것 같다.

지금 이 시대는 크게 변화하려 하고 있다.

아니, 이미 변하기 시작하고 있다.

앞으로 사람들의 영혼이 눈을 뜨게 되는 일이 일어나게 될 것이다.

그로 인해 모두가 좀 더 자기 책임의 의미를 확실히 이해하게 된다.

자기 책임은 개인의 행복을 생각하는 것을 의미한다.

모두 자기가 좋아하는 일을 자유롭게 즐기고 싶다고 생각하기 시작하니까 세상도 서서히 그게 가능한 형태로 변화하는 것이다.

즐겁게 노는 것이 당연시되는 세상이 되는 것이다.

개인의 행복이 당연해지면 남에 대해 이러쿵저러쿵 말하게 되는 일이 없어진다.

왜냐하면 내가 아주 행복하고, 노력과 인내라는 괴로움 없는 세상에서 살기 시작하면 자연히 다른 사람의 행복도 바라게 되니까.

사람은 나만 즐거워서는 진정한 행복을 느끼지 못한다.

나의 소중한 사람이나 주변에 있는 친구도 즐거워해야 행복이다.

그렇게 되면 남에 대해 참견하지 않고, 다른 사람의 행복도 바라게 되는 것이다.

단, 지금은 아직 모두 즐기는 마음이 부족하다.

세상을 바꾸려 한다면 좀 더 즐겁게 놀아야 한다.

여성은 남성보다 훨씬 강하다

오랜 역사 속에서 인간은 몇 번이나 되는 전쟁을 반복하며 살아왔다.

그 전쟁의 계기는 거의 남성이었다.

원인을 따지자면, 남성끼리의 싸움이었다.

그래서 왜 남성들이 세계 곳곳에서 전쟁만 일으키느냐 하면, 남성은 여성보다 위라고 여겨져 왔기 때문이다.

대다수 남성들은 '남자가 여자보다 위다.'라고 생각하곤 한다.

그걸 보여줄 수단은 역시 전쟁밖에 없었다.

힘 말고 다른 분야에서 남성이 여성보다 높음을 증명할 게 없으니 세계 곳곳에서 전쟁이 일어났던 것이다.

하지만 그것도 이제 다소 진정세를 보이는 건 새로운 시대가 시작되면서, 영혼이 눈을 뜨는 새벽을 맞이했기 때문이다.

새로운 시대에 태어난 젊은 사람들은 이제 남자가 위라느니, 여자가 아래느니 하는 생각은 하지 않게 되었다.

아니, 오히려 사실은 여성이 더 강하다는 사실을 인식하고 있다.

이제 새로 태어나는 사람들은 처음부터 영혼의 수준이 높으니까.

여성들은 대단한 존재이다.

영업에서도 실적 상위권이 모두 여성이라는 회사도 드물지 않다.

그런데도 여전히 여성의 힘을 인정하지 않으려는 남성들이 있다는 말이다.

물론 모든 남성들이 다 그렇다는 건 아니지만, 옛날 사람 중에는 여성을 천하게만 보았던 이들이 많았던 건 분명한 사실이다.

왜 남성은 여성이 강하다는 걸 인정하지 않느냐 하면 그건 남성이 약하기 때문이다.

그만큼 남성에게 여유가 없다는 뜻이다.

진정으로 강한 사람은 뛰어난 사람에게 "당신은 이런 부분이 대단하네요."라고 아무렇지도 않게 말하지 않는가?

상대방이 여성이든 그 누구든 간에 훌륭한 부분은 칭찬하는 것이다.

그런데 약한 사람들은 틈만 나면 이기려 들고, 다른 사람의 장점을 인정하지 않는다. 즉 속이 좁은 것이다.

그러면서 나는 강하다고 허세를 부리고 싶어 한다.

그 가장 큰 증거가 전쟁이다.

하지만 앞으로는 전쟁도 더욱 그 빈도가 줄어들 것이다.

새로운 시대에 태어난 사람들은 영혼의 성숙도가 높으니까 어리석은 전쟁은 안 하게 될 것이다.

5

부정적인 감정을
단번에 없애는 사고법

나 자신에게 불리한 환경이라도
즐겁게 지내자

나는 초등학생 때부터 제대로 학교에 가지 않았다.

학교 그 자체가 싫었던 건 아니고, 친구들이 있으니까 학교에는 가고 싶었단 말이다.

그래서 등교 거부는 아니었다.

그럼 왜 학교에 가지 않았느냐. 사실은 아침에 못 일어나서 지각했기 때문이다.

아침에 늦게 일어나면 귀찮아서 그대로 학교에 안 갈 때도 있었다.

학교에 간 날은 끝날 때까지 있을 때도 있지만, 따분해져서 중간에 그냥 조퇴할 때도 있을 정도였다.

그런 식으로 가고 싶을 때 등교하고, 쉬고 싶은 날은 쉬고, 집에 가고 싶을 때는 하교하고 그랬다.

물론 그런 제멋대로의 행동은 용납될 수 없으니 늘 주변 어른들과 싸우기 바빴다.

내가 어릴 때는 학교에 가지 않는 아이가 거의 없었으니까 나는 혼자 싸워야 했다.

어떤 식으로 싸웠느냐 하면, 옛날에는 학교에 안 가고 그러면 얻어맞고 그랬다.

선생님한테도 맞고, 부모님한테도 맞았다.

아무튼 그 시절은 세간에서 말하는 '상식'을 지키지 않거나 '잘못된 행동'을 하면 무조건 얻어맞을 때였다..

요즘 같으면 체벌이니 뭐니 해서 큰일이 나겠지만, 예전에는 그런 분위기가 아니어서 이곳저곳에서 꿀밤을 맞곤 했다.

그래도 나는 '때린다고 내가 그 말을 들을 것 같아?'라며 반항하기 바빴다.

고집을 부리며 어른들과 맞섰던 것이다.

그러면서도 서로 그런 대결을 은근히 즐기는 구석도 있었다.

요즘은 누구에게나 설명이 통한다.

학교에 가지 않는 아이가 있다면 선생님은 때리기보다 이유를 설명해서 학교에 나오게 한다.

부모님도 체벌이 아니라 아이를 잘 타이른다.

아이들도 학교에 가기 싫은 이유를 이치에 맞게 부모님과 선생님께 설명해야 한다.

어떤 상황이든 설명이 통하는 그런 좋은 시대이다.

하지만 내가 어릴 때는 설명 같은 건 통하지 않았다.

그래도 나는 고집스럽게 뜻을 굽히지 않고 부모님과 선생님의 말씀을 듣지 않았다.

설명이 통하지 않는 세상에서 나의 뜻을 관철하다니 너무나도 힘들었지만, 나에게 있어 그것도 게임처럼 재미있었다.

아무리 나에게 불리한 환경이라도 그걸 오히려 즐겼다.

근성이 아니라 방법론을 생각해라

부모님이나 선생님과 싸우면서 배운 것도 많다.

예를 들어 '나의 의지를 관철할 때는 큰 난관에 부딪힌다.'가 바로 그중 하나다.

말했듯이 내가 어릴 때는 학교에 지각하거나 쉬는 것에는 큰 벽이 놓인 것처럼 쉬운 일이 아니었다.

툭 하면 꿀밤을 맞아가면서도 지지 않고 내 뜻대로 어른들과 맞서야 했다.

그때 나의 의지를 밀고 나가는 게 이렇게나 힘든 거구나 하고 절실히 깨달았다.

그렇지만 '힘들다.'라고 해보았자 아무런 문제 해결이 되지 않으니까 오히려 상황을 재미있어하고 즐겼던 것이다.

그렇게 내가 즐기기 시작하자 어른들도 "이 녀석, 입만 살아가지고."라고 하시면서도 어쩔 수 없다는 눈으로 지켜보게 되었다.

사고뭉치일수록 귀엽다고 하는데, 딱 그런 식이었다.

그래서 나도 부모님이나 선생님을 싫어하지는 않았다.

나는 어린 시절 그런 걸 확실히 배운 덕분에 어른이 되어서도 곤란한 일은 일어나지 않았다.

　　평범한 사람에게 있어서는 엄청난 고난처럼 보이는 일이 일어나더라도 나에게는 별 대단한 것도 아니었다.

　　그래서 내게는 이 세상이 너무 쉬워서 견딜 수가 없다.

　　학교를 빼먹었을 때 얻어맞은 꿀밤에 비하면, 어지간한 일은 가볍게만 느껴지니까 무슨 일이 생겨도 문제를 쉽게 해결해 버린다.

　　일어난 사건을 게임처럼 즐기면, 절대로 나쁜 상황이 찾아올 수가 없다.

　　나는 어린 시절에 근성을 길렀던 게 아니다.

　　방법론을 생각하는 힘을 단련했던 것이다.

　　이 세상은 근성으로 통하는 게 아니라, 어떤 장애물이 생겼을 때 그걸 어떻게 통과할 것인지의 방법론만 생각해 내면 된다.

　　공부를 못 하더라도 누구든 방법론을 고민하다 보면 반드시 그걸 찾아낼 수 있다.

　　실제로 나는 학교 공부는 아예 제대로 하지도 않았지만 말이다. 그래도 인생의 여러 순간에서 방법론을 찾아내 납세액 일본 제일의 자리까지 오를 수 있었다.

당신은 정말로 고민하고 있는가

요즘은 '노인 빈곤층'이나 '노후 자금으로 최소 수억 원은 준비해야 한다.'라는 말로 노후에 대한 불안을 부추기는 뉴스가 많이 나온다.

그런 불안감을 자극하는 일이 있으면 다들 걱정하게 된다.

그렇지만 지금 이 책을 읽는 여러분처럼 정신론을 제대로 공부한 사람은 어찌 된 일인지 돈이 궁할 일이 없다.

다들 성실하게 연금을 준비하고, 보험에도 들어두어서 만약의 사태를 위한 준비가 다 되어 있기 때문이다.

만약 "나는 충분한 준비가 안 되어 있는데요."라고 하더라도, 정신론을 배운 사람이라면 앞으로 나 자신이 고생하지 않을 길을 향해 나아갈 수 있다.

걱정이 많은 사람은 돈이 있든 없든 걱정을 한다.

나름 돈을 넉넉히 가지고 있고, 노후 걱정도 할 필요 없는 사람이 꼭 '노후에 돈이 부족해지면 어쩌지?' 하고 고민한다.

돈이 있는데도 걱정하는 당신은 아주 행복한 사람이다.

다른 고민거리가 없으니 억지로 쥐어짜서라도 고민을 만드는 거니까.

그런 사람은 고민하는 게 옳다는 의식이 마음 어딘가에 있어서일 것이다.

인생에 고민이 따라다닐 수밖에 없고, 고민하지 않으면 인생이 아니라는 이상한 관념이 있는 것이다.

고민 없이 사는 게 나쁘다고 믿으니까 굳이 사서 고민하는 것이다.

결국 그런 것도 놀이가 부족해서라고 생각한다.

좀 더 놀이에 푹 빠져보자.

바빠서 고민할 틈도 없게 될 테니까.

싸움이 일어나는 건
싸움이 필요해서이다

부모님의 연세가 많아지면, 누가 돌볼 것인지 다툴 때가 있다. 그 때문에 형제지간 사이가 나빠지는 게 싫으니, 잘 해결한 방법이 없느냐는 질문을 들은 적이 있다.

안타깝지만 그런 방법은 없다.

순조롭게 결론이 나지 않는 경우는 아무리 대화를 나누어도 모두가 납득할 답을 찾기는 어렵다.

잘 정리가 될 수 있는 문제면 금방 결론이 날 것이고, 싸움이 일어날 문제라면 그때는 무엇을 해도 싸울 수밖에 없다.

아니, 싸움이 나는 집에는 싸움이 필요한 것이다.

언쟁이 벌어지는 이유는 그 이전부터 뭔가 마음속에 쌓아둔 게 있기 때문이니까.

평소에 참고 있던 게 확 터져서 다툼으로 번지는 것이다.

예를 들어서 '부모님이 돌아가신 후, 마치 딴사람이라도 된 것처럼 장남이 유산을 갖고 싶어 한다.'라는 경우가 있다고 가정해 보자.

다른 형제들이 보기에는 장남이 마치 악귀라도 쓰인 것처럼 욕심 사납게 구는 것이다.

이 이야기만 들으면 장남이 '돈에만 미친 속물'처럼 보이지만, 사실은 그런 게 아니다.

장남의 말을 잘 들어보아야 한다.

사실 그 장남은 어릴 때부터 계속 참으며 살아왔다든가 그럴지도 모른다.

대개 이런 데는 이유가 있다.

장남이라며 어릴 때부터 다른 형제들보다 몇 배나 인내를 강요받았던 것이다.

그렇게 꾹꾹 눌러 참은 게 있으면 나중에 부모님의 사망을 계기로 갑자기 폭발할 때가 있다.

그렇다면 차라리 그런 억압을 다 털어내는 게 낫다.

장남이 꾹 참으며 살았다는 걸 다른 형제는 모른다.

대체로 참기를 강요하는 쪽의 사람은 그런 걸 눈치채지 못하는 법이니까.

그걸 보고 '형이 딴사람이 되었다.'라고 하지만, 그건 엄청난 착각이다.

좀 더 배경을 살펴보아야 진실을 알 수 있다.

만약 그 장남의 심정을 이해하고 발산하게끔 해줘야 한다고 생각한다면, 다른 형제가 먼저 유산 상속을 포기하면 된다.

형제 싸움을 피하려면 그 방법밖에 없다.

계속 참고만 산 형에게 '이제 참지 않아도 돼', '형이 원하는 만큼 유산을 가져가.'라고 말해주는 것밖에 싸움을 피할 길은 없는 것이다.

이건 꼭 유산 문제만이 아니라, 예를 들어 간병 문제에서도 '내가 가능한 보살필 테니까 정 힘들 때만 형한테 부탁할게.'라고 말하면 된다.

그렇게 하지 못한다면 끝장을 볼 때까지 싸울 수밖에 없다.

참고 살아온 형제의 심정을 이해하지도 않고, 나한테만 유리하게 결론을 내릴 방법을 찾는 건 불가능한 일이다.

싸움이 필요한 가족인데도 싸우지 않고 넘어갈 방도는 없는 것이다.

다툼이 벌어져도 어쩔 수 없는 상황이니까.

지진 에너지와 마찬가지로 엄청나게 큰 뭔가가 쌓여 있으니까 그걸 지금 완전히 토해내지 않으면 앞으로도 더 큰 폭발이 일어날 뿐이다.

가지고 있는 것에
당당히 기대도 된다

유산이라고 하면 일반적으로 '부모의 재산에 기대는 짓이라 한심하다.'라는 시각이 있는데, 이제 그런 시각은 버리는 게 좋을 것이다.

부모의 유산에 기대는 게 뭐가 잘못인가?

없는 돈에는 기댈 수 없지만, 있다면 그냥 기대도 괜찮다.

기대든 말든 어차피 누군가가 그 돈을 다 받아갈 테니까.

부모님께 재산이 있다면 자식이 그걸 받는 건 당연하다.

그러니 의지해도 좋고, 그게 무슨 잘못은 아니다.

부모님이 돌아가셔서 돈이 들어올 걸 기대하면 어쩐지 '빨리 부모님이 돌아가시면 좋겠다.'라고 바라는 것 같아서 싫다는 사람도 있다.

하지만 그렇게 마음이 켕겨서 거북해할 필요는 없다.

부모든 그 누구든 당신이 다른 이의 수명을 좌우할 수는 없으니까.

또한 그런 걸 신경 쓰더라도 어쩌면 부모님이 더 오래 사실지도 모르지 않는가.

그렇다면 유산 상속이 문제가 아니다.

그런 가능성도 있다고 생각하면 심각하게 고민하는 게 더 손해이다.

부자들은 대부분 땅이니 주식이니 하는 것들을 부모로부터 물려받는다. 한 세대에서 부자가 된 사람은 별로 없다.

그리고 유산 이야기를 하기 전에 대학 진학이나 대학원을 다니게 해주는 등 부모의 지원을 받는 사람은 많다.

이미 취직한 자식에게 생활비를 보내주는 부모도 있을 정도니까.

부모는 자식을 위해 돈을 쓰고 싶어 한다.

돈은 부모의 사랑이니까 감사히 받는 게 더 좋다.

고부 문제를
순식간에 해결하는 방법이란

어느 날, 나이 지긋한 한 여성이 이런 고민을 털어놓았다.

"며느리가 싫은 건 아니지만, 세대 차이가 나서 그런지 며느리가 하는 행동이 다 눈에 거슬려요. 어떻게 하면 그런 자잘한 걸 신경 안 쓸 수 있을까요?"

해결법은 아주 간단하다.

이럴 때 시어머니는 며느리와 싸우면 된다.

싸우면 안 된다고 생각하니까 참느라 괴로운 것이다.

그냥 확 싸우고 말자고 생각하면 그것만으로도 조금 마음이 편해지지 않을까?

여기서 근본적으로 문제를 해결하려면 이 시어머니가 더 많이 놀아야 한다.

시어머니에게 놀이가 부족하니까 일일이 며느리의 언동에 짜증을 느끼는 것이다.

매일 놀이를 즐기며 산다면 노는 데 바빠서 며느리가 뭘 하든 신경 쓸 틈이 없게 된다.

내가 즐거우니까 마음에 여유도 생겨서 며느리도 편하게 행동하면 된다고 여기게 된다.

하지만 그저 꾹 참고 놀지 않으니까 며느리의 일거수일투족에 트집을 잡고 싶어지는 것이다. 이해가 가는가?

시어머니가 놀고 있으면 며느리가 있는 것만으로도 고마워하게 될 것이다.

내 아들과 손주를 챙기는 며느리에게 감사하고 싶어질 것이다. 그러니 시어머니는 집안일은 최소한으로만 하고, 남은 시간은 노는 데 투자하는 게 좋다.

시어머니가 집안일을 완벽히 하지 않으니 며느리가 좀 어설퍼도 자기 역시 제대로 안 하는 거니까 무슨 불만을 터트릴 수도 없다.

시어머니가 좋아하는 일을 즐기면 며느리도 편해진다. 서로를 위해서도 시어머니는 마음껏 놀러 나가면 좋을 것이다.

지금까지 전혀 놀지 않았던 시어머니는 어떻게 놀면 좋을지 몰라 당황할지도 모른다.

그럴 때는 우선 내가 '좋아하는 것'부터 찾아보자.

누구든지 좋아하는 게 꼭 있으니까 그걸 찾아 취미로 삼는 것이다.

정원 가꾸기를 좋아하는 사람은 정원 가꾸기를 취미로 삼으면 된다.

요리를 좋아하는 사람은 인터넷 등으로 공부해서 자기 요리를 블로그에 소개해도 재미있을 것이다.

요즘 같은 시대에는 그렇게 해서 요리 연구가가 될 가능성도 있다.

그렇게 생각하면 막 기대감으로 가슴이 두근거리지 않는가?

그리고 내가 추천하고 싶은 취미는 사교댄스이다.

춤이 얼마나 좋은가.

남들 앞에서 당당히 남녀가 껴안을 수도 있으니까 말이다.

사람은 포옹만으로도 상당히 행복한 기분을 맛볼 수 있다.

그 행복을 맛보면 며느리 문제는 별로 심각하게 느껴지지도 않을 것이다.

말은 누가 쓰는가에 따라
의미가 달라진다

세상에는 남을 기쁘게 하거나 위안을 주는 말이 많다.

만약 이 세상에 '좋은 말'만 있다면 상처받는 이들이 좀 줄어들지 않을까 하는 사람도 있지만 그렇지 않다.

앞서 말했듯 이 세상에 부정적인 말이 존재하는 이유는 '나쁜 사람이 있어서 착한 사람이 돋보인다.'라는 것과 같은 맥락이다.

부정적인 말이 있으니까 밝고 즐거운 말의 장점이 더 진하게 느껴지는 것이다.

그렇지만 사실 말은 좋고 나쁨이 없다.

'바보'라는 단어를 예로 들어보자.

기분 나쁘게 구는 사람에게서 "너 바보야?"라는 말을 들으면 정말로 화가 나고 마음에 상처를 받는다.

바보라는 말에 아주 나쁜 인상을 받게 된다.

하지만 내가 "너 바보구나?"라고 하면 그 말을 들은 사람은 웃음을 터트린다.

혹은 "바보 같기는. 더 너 자신을 소중히 해."라는 말을 할 때도 있는데, 그러면 상대방은 마음에 위안을 얻고 눈물을 흘리기도 한다.

똑같은 말이라도 이렇게나 인상이 달라진다.

악의나 경멸의 의도를 담은 '바보'에는 예리한 칼날처럼 살을 베는 식의 견디기 힘든 고통이 따른다.

반면에 내 입에서 나오는 '바보'에는 애정과 친근함이 잔뜩 담겨 있다.

그래서 그 말을 들은 사람은 상처받기는커녕 마음이 따뜻해져서 기뻐한다.

그럼 왜 사람은 말을 나쁜 의미로 쓰는 것일까?

그 이유는 역시 영혼이 미숙하기 때문이다.

영혼이 성장하지 않았으니까 말의 올바른 사용법을 모르는 것이다.

나는 자주 '해도 되는 말과 안 되는 말의 판단이 되면 초등학교 1학년이다.'라고 말한다.

잘못된 말을 쓰는 사람은 영혼이 아직 초등학교 1학년도 안 된 것이다.

그래서 영혼이 미숙한 사람은 '남에게 상처를 주면 어떻게 될까.'라는 걸 이제부터 체험해 보아야 한다.

그 체험에는 엄청난 아픔과 고통이 따르겠지만, 거기서 교훈을 얻어 영혼의 초등학교 1학년을 목표로 해야 한다.

남자에게 있어
'섹스'는 로망이다

지금 이 시대부터는 더욱 내가 좋아하는 것, 즐거운 것을 해야 한다.

뭐가 어쨌든 간에 내가 좋아하는 일을 즐겨야 한다.

그러면 '난 남에게 자랑할 만한 취미도 없는데……'라고 고민하는 사람이 있는데, 굳이 취미가 고상할 필요는 없다.

중요한 건 내가 진정으로 즐겁다고 여겨야 한다는 점이다.

자랑은 아니지만, 내 취미는 야한 책을 보는 것이다.

여성이 보기에는 야한 책이나 비디오가 뭐 그렇게 재미있느냐고 생각할지도 모르겠다..

하지만 남자들 대다수에게 '섹스'는 로망이다.

여성이 쇼핑하는 것과 비슷하게 아니, 그 이상으로 즐거운 일일 수도 있다.

예를 들어 집에만 틀어박혀 있는 사람은 '난 한심한 인간이야.'라는 생각을 하기 쉬운데 그건 전혀 한심하지 않은 것이다.

그는 집에 틀어박혀 있어도 살아갈 수 있을 정도로 행복하고, 집에만 있는 게 좋으니까 얼마든지 틀어박혀 있어도 된다.

그리고 아침부터 야릇한 영상을 보고 '아아, 좋다……' 하고 행복을 느끼면 된다.

즐거운 일이 하나라도 있으면 인생은 완전히 달라진다.

집에만 틀어박혀 살아도 좋아하는 영상을 보고 얼마든지 행복해질 수 있다.

그런데 주변에서는 그렇게 사는 게 행복하다고 느끼면 안 된다고 압박을 준다.

계속 집에만 틀어박혀 살면 큰일이 난다고 자꾸 궁지로 몰아댄다.

그런 식으로 자꾸 주변에서 겁을 주니까 더욱 밖에 못 나가는 것이다.

주변 사람들은 더 가벼운 마음으로, 애정을 가지고 지켜만 보면 된다.

아니, 그렇게 시끄럽게 구는 주변 사람도 분명 놀이가 부족한 것이다.

집에 틀어박혀 사는 사람 걱정을 하는 것보다 우선 당신부터 나가서 놀라고 하고 싶다.

내 자신에 대해서도, 남에 대해서도 걱정하지 않아도 된다.

걱정할 시간이 있으면 내가 좋아하는 일을 해서 인생을 즐기자.

그걸 할 수 있다면 어디 틀어박혀 지내든 말든 틀림없이 행복해질 수 있고, 걱정거리는 단번에 해결될 테니까.

6

약간의 요령으로
인생은 크게 호전된다

말이 아니라 행동을 보자

도쿠가와 이에야스(전국 무장으로, 에도막부를 연 초대 쇼군)는 이러한 유훈遺訓을 남겼다.

사람의 평생은 무거운 짐을 지고 먼 길을 떠나는 것과 같다.

서두르면 안 된다.

부자유함을 당연히 여기면 불만은 생기지 않는다.

마음에 욕심이 솟아오를 때는 괴로웠을 때를 돌이켜 보아라.

인내는 무사히 길고 평안히 지낼 수 있는 초석이다.

분노는 적이라고 여겨라.

승리만 알고 패배를 모르는 것은 내 몸에 해를 끼친다.

자신을 책하라.

남을 책망해서는 안 된다.

부족한 편이 지나친 것보다 더 낫다.

(현대문으로 의역)

이 유훈을 읽어보면, 이에야스는 어지간히 참을성이 대단한 사람일 거라는 생각이 들지만 사실은 그렇지도 않았다.

만약 이에야스가 인내심이 강한 사람이었다면 천하를 쥐려고 이쪽을 공격하고 저쪽을 빼앗거나 하지 않았을 테니까.

무슨 일이 있어도 당황하지 않고 침착하게 거점인 미카와에 있었을 것이다.

그런데 실제로는 그렇지 않았다.

아마 성급하고 도저히 가만히 있을 줄 모르는 사람이었을 것이다.

이에야스라고 하면 묵직한 이미지가 있지만, 이런 식으로 살펴보면 또 인상이 싹 달라질 것이다.

이와 마찬가지로 사람을 볼 때는 말만 듣고 믿으면 안 된다.

그 사람이 무엇을 하는지, 행동을 보고 판단해야 한다.

'좋은 사람'이 되지 않아도 된다

예전에 어떤 사람이 인간관계에 대해 고민을 했다.

"상대방은 저를 위한다고 이리저리 챙겨주지만, 저한테는 그게 성가시기만 해요……. 이런 심정을 어떻게 털어놓으면 좋을지 고민하고 있어요."

이런 건 파동의 문제와 관련되어 있다.

내가 항상 밝고 즐거운 파동을 내보내거나 '기분 나쁜 건 수용하지 않겠습니다.'라는 강한 파동을 뿜고 있으면 나한테 폐만 끼치는 사람은 자연히 주변에서 사라지게 된다.

내 사전에는 '고맙지만 민폐다.'라는 말이 없다.

고마움을 느낄 때는 있어도 민폐라고 느낄 일이 생기지 않기 때문이다.

설령 참견에 간섭이 심한 사람이 있다고 하더라도 나는 그 사람이 하는 말을 하나도 안 듣는다.

오른쪽 귀로 듣고 왼쪽 귀로 그대로 흘려버리는 것이다.

그래도 상대가 집요하게 무슨 말을 하려 들면 "아니, 됐어요."라고 딱 잘라버린다.

이렇게 말을 듣고 흘리거나 거절할 용기가 있으면 아예 처음부터 고맙지만 나한테 폐만 되는 일을 접하지 않을 것이다.

아마 듣고 흘리거나 거절하지 못하는 사람은 '좋은 사람'으로 남아야 한다는 마음이 있는 게 아닐까?

하지만 좋은 사람이 될 필요는 없다.

싫은 걸 싫다고 말한다고 해서 나쁜 사람이 되는 게 아니니까. 좀 더 나한테 솔직해도 된다.

그렇지 않으면 나만 괴롭지 않은가?

좋은 사람을 그만두면 상대방에게 상처를 줄지도 모른다는 생각이 든다면 거짓말을 잘 활용하면 된다.

내키지 않은 일을 권유받았을 때 "오늘은 일이 있어서 미안해."라고 적당한 이유를 대서 거절하는 식으로 말이다.

그리고 거절할 때는 미소를 유지하는 것도 중요하다.

내가 남의 말을 듣지 않을 때는 평소보다 더 활짝 웃는다.

일반적으로 남의 의견을 수용하고 싶지 않을 때는 자꾸만 얼굴이 굳어지고 표정이 흐려지지 않는가?

하지만 나는 활짝 웃으면서 "아아, 그래, 그렇구나……." 하고 맞장구를 친다.

그렇게 말하면서 실제로는 전혀 말을 듣지 않는다.

대응은 부드럽지만 내 의지는 그야말로 강철처럼 강하다.

그거야 나한테는 내 의견이 있으니까.

내 의지를 꺾으면서까지 남이 하는 말을 듣고 싶지는 않다.

그런 강한 마음을 가지면서 표면적으로는 다정하고 온화한 태도를 보이는 것이다.

이것이 미소가 부리는 마술이다.

상대방에게 상처를 주는 일도 없고, 나 역시 꾹 참지 않아도 된다.

미소는 참으로 여러 부분에서 도움이 되는 것이다.

그렇게 미소를 지으며 다섯 번이나 거절하면, 여섯 번째는 권하지도 않게 된다.

아주 간단한 일이다.

뚱한 표정이라서
호감을 못 얻는 것이다

미소가 없는 사람은 참 인생을 손해 보는 것이다.

남의 이야기를 웃으며 흘려들으면 상대방이 하는 말을 굳이 듣지 않아도 미움을 받을 일은 절대로 없다.

그런데 뚱한 얼굴로 있으면, 금세 '참 마음에 안 드는 사람', '이기적인 사람', '완고하고 융통성이 없는 사람'이라는 인상을 주게 되어 금방 눈 밖에 나게 된다.

예를 들어 회사를 그만둘 때도 퉁명스러운 표정으로 퇴사하는 것보다 마지막까지 웃는 게 당연히 좋다.

그렇게만 해도 회사에서는 '아까운 사람이 그만뒀구나.'라고 생각하게 된다.

직장 동료들로부터 좋은 파동을 받으면서 그만두는 것과 '저 짜증 나게 하는 사람이 드디어 회사를 나가는구나.' 하는 부정적인 파동을 받으며 그만두는 것의 차이가 당신의 앞날을 크게 좌우한다.

좋은 파동을 받으며 그만둔 사람은 다음 회사에서도 반드시 잘나가게 된다.

반대로 안 좋은 파동을 받으며 퇴사한 사람은 그 후에 어떤 일을 하더라도 잘 안 풀린다.

꼭 일이 잘 안 풀리는 사람은 '회사를 그만둔다고 하니까 다들 나한테 심술을 부렸다.'라는 피해자 같은 말을 하는데 사실은 그렇지 않다.

회사를 그만두어서 미움을 받은 게 아니라 당신이 남에게 미움을 살 만한 표정과 말, 태도를 보였기 때문이다.

설령 회사를 그만둔다고 해도 마지막까지 아쉬워하는 사람이 있을 것이다.

어떤 때라도 기분 좋은 웃음을 잊으면 안 된다.

그것만으로도 인생은 크게 변한다.

우선 행복해지고 나서 행동해라

대체로 많은 사람이 뭔가를 하지 않으면 행복해지기 어렵다고 여긴다.

돈이 있으면 행복할 것이다.
연인이 있으면 행복할 것이다.
공부를 잘하면 행복할 것이다.
좋은 일자리를 얻으면 행복할 것이다.

이런 생각을 하지 않는가?

그렇지만 아무것도 없어도, 이상적인 상태에 이르지 못하더라도 지금 이 순간에 당신은 얼마든지 행복해질 수 있다.

그럼 어떻게 해야 이 순간부터 행복해질 수 있느냐. 내가 늘 티팬티를 입은 미녀를 상상하며 즐기듯, 당신도 좋아하는 것을 머릿속으로 그려보자.

그렇게 하면 틀림없이 단박에 행복한 기분을 맛볼 수 있다.

그런 작은 행복 가지고 되겠느냐고 하는 사람도 있지만, 그 말은 틀렸다.

작은 행복이라도 좋으니까 아무튼 이 순간에 행복을 느껴야 한다.

그리고 그 행복이 마치 줄줄이 고구마처럼 더 큰 행복을 불러온다.

작은 행복에서도 행복의 파동이 나온다.

그 파동으로 좀 더 행복해질 수 있는 운을 나에게 끌고 올 수 있다.

멋진 친구가 생기거나 좋은 일을 얻는 식으로 말이다.

우선 행복해진 상태에서 행동하는 것과 부정적인 파동을 내보내면서 행동하는 것에서는 같은 일을 하더라도 결과는 전혀 달라진다.

그리고 좀처럼 행복을 느끼지 못하는 사람은 대개 누군가로부터 '행복해지는 건 좋지 않다.'라는 인식을 받으며 살아왔을 때가 많다.

예를 들어 부모는 아이가 게임만 하고 지내면 화를 낸다.

그렇지만 부모가 어릴 때는 지금처럼 게임이 없었을 뿐이지 만약 있었으면 그들 역시 푹 빠졌을 게 분명하다.

아이가 게임을 하고 싶어 한다면 그냥 하게 두면 된다.

게임을 해서 행복을 느낀다면 그 행복이 다음 행복을 부를 테니까.

하지만 부모가 아이의 행동에 화를 내며 게임기를 빼앗으면 아이의 머릿속에는 '행복해지는 건 잘못된 일이다.'라는 인식이 심어지게 된다.

즐거운 일을 해서는 안 된다, 꾹 참고 공부해야 한다면서 말이다.

그런 인식이 자꾸만 쌓이고 쌓이게 된다.

게임만 하게 내버려 두어도 괜찮냐고 걱정하지 않아도 된다. 인생은 어떻게든 돌아가게 되니까.

뭐든 즐기면 인생이 더 좋아지는 일은 있어도, 나쁘게 굴러가는 일은 없다.

그래도 걱정하는 부모가 있는데, 정말로 인생은 어떻게든 되게 되어 있다.

자녀 인생이 잘 안 풀리는 일이 생긴다면, 그건 부모의 깊은 의심이 감당 안 되는 나쁜 상황을 불러와서 그렇다.

나처럼 '인생은 분명 잘 돌아갈 것이다.'라고 믿는 사람은 무엇을 하더라도 다 잘된다.

놀이를 하나 더하면
바로 일이 즐거워진다

일 그 자체는 싫지만 고객의 '고맙다.'라는 말이 기뻐서 계속 일을 해나가고 있다.

그런 감각으로 일하는 사람도 있을 것이다.

일하는 건 싫지만 그 속에 플러스 요소가 있으니까 어떻게 든 아슬아슬한 곳까지 버티는 것이다.

이런 사람은 어떻게 해야 일을 좋아할 수 있느냐 하면, 역시 그 답은 놀이밖에 없다.

놀이가 부족하니까 일이 따분하게 느껴지는 것이다.

놀이를 마음껏 즐기는 사람은 놀기 위해 돈을 벌려 한다.

생활비나 필요한 곳에 돈을 쓰고도 더 놀기 위해 충분한 자 금이 남을 수 있도록 하고 싶다.

어떻게 하면 그만큼 돈을 벌 수 있을까? 이렇게 생각하게 된 다. 한번 노는 즐거움을 맛보면 즐거워서 그만둘 수 없게 되기 때문이다.

그렇게 떠올린 아이디어를 실천해 보는 사이에 어느새 수입은 쑥쑥 늘어나게 되어 된다.

수입이 늘어난다는 건 그만큼 출세했거나 고객이 늘어났다는 뜻이지 않은가?

좋은 결과가 따르니까 분명 일하기도 재미있을 것이다.

어떻게 수입을 늘리는 방법을 금세 생각해 낼 수 있느냐고 말하는 사람이 있을지도 모른다.

하지만 진심으로 돈 벌 궁리를 하면 그 지혜도 샘솟게 되어 있다.

지혜가 나오지 않는다는 건 그리 심각하게 생각하지 않았다는 뜻과 마찬가지이다.

생각에 생각을 거듭하고도 또 생각해 보자.

나한테 딱 맞는 방법이 분명 머릿속에 떠오를 테니까.

고객의 감사를 받으면 누구든 기쁠 것이고, 그건 멋진 일이기도 하다.

그렇지만 그것만으로는 언젠가 힘들어질 것이다.

왜냐하면 누군가가 감사를 표현해 주지 않는 한 당신은 언제까지고 행복해질 수 없을 테니까.

반면에 놀이로 일하는 즐거움을 발굴해 나가는 건 모두 내 행동에서 기인한 것이다.

얼마든지 마음껏 행복을 손에 쥘 수 있다.

플러스의 감정과 마이너스의 감정이 아슬아슬한 균형을 유지하는 사람은 거기에 놀이 하나를 더함으로써 그 균형의 시소가 '행복'의 방향으로 확 기운다.

일이든 뭐든 재미가 없을 리가 없다.

'취미=돈이 든다'라는
선입관을 버려라

즐거운 일을 해라, 실컷 놀아라 등의 말을 하면 꼭 돈 이야기가 나온다.

노는 데도 돈이 든다면서 말이다.

나는 돈이 드니까 일이든 뭐든 간에 열심히 하겠다는 마음이 드는 거라고 생각한다.

하지만 놀이에는 돈을 쓰기 싫다거나 지금은 아직 놀이에 투자할 자금적 여유가 없다면 그냥 돈이 안 드는 즐거운 일을 생각하면 된다.

다들 툭 하면 '재밌고 즐거운 일에는 돈이 든다.'라고 하는데, 조금 머리만 굴리면 돈이 안 드는 놀이를 얼마든지 찾아낼 수 있다.

지혜를 짜내지 않으니까 돈 드는 오락거리밖에 생각을 못 하는 것이다.

나는 종종 스스로에게 퀴즈를 내곤 한다.

요즘은 '여성이 외도를 허락할 때는 언제인가.'라는 퀴즈를 나한테 내고 나서, '본인도 외도했을 때'라는 결론에 이르게 되었지만 말이다.

남편의 외도는 절대로 용납하지 못하는 아내라도 그게 자기 일이라면 분명 이해할 게 뻔하다.

사람은 본인이 외도했을 때 갑자기 자기 보신을 중시하는 법이니까.

이런 식으로 나는 혼자 있을 때도 돈 한 푼 안 들이고도 재미있는 놀이를 한다.

얼마 전에 텔레비전에서 보았던 것도 참고가 될 수도 있겠다. 그 방송에서는 철봉이 취미인 사람이 소개되었다.

그것도 한두 명이 아니라 철봉이 취미인 사람들끼리 그룹을 만들어서 퇴근 후에 공원에서 철봉을 한다고 한다.

철봉이라고 하면 그냥 혼자 묵묵히 연습하는 느낌이 있는데, 그 방송을 보고 '아아, 이런 식으로 놀 수 있구나.' 하고 놀랐다.

여럿이 모여 하면 떠들썩하고 얼마나 재미있겠는가?

돈도 안 드니 이렇게 좋은 취미도 또 없을 것이다.

그 외에도 최근에는 헌혈을 취미로 하는 사람도 많은 모양이다.

요즘 헌혈 센터는 아주 시설이 잘 갖춰져 있다고 한다.

헌혈한 사람은 주스나 차도 얼마든지 마실 수 있고 여러 가지 과자도 받을 수 있다.

헌혈 센터에 따라 설비는 제각각이지만 개중에는 멋진 카페 같은 곳도 있어서 느긋이 쉴 수도 있다고 한다.

나중에 혈액 검사 결과도 알려준다고 하니 무료 건강 검진이라는 장점도 있고, 사회적 공헌을 한다는 실감을 얻을 수 있어서 참 좋지 않은가?

이런 식으로 좀 조사를 하면 돈이 들지 않는 놀이는 얼마든지 발견할 수 있다.

우선 '취미=돈이 든다.'라는 선입관을 버리고, 돈이 안 들고 즐거운 놀이부터 찾아보자.

멋진 말투를 써보자

회사에서 일하는 사람 중에는 취직난 속에서도 몇십 곳이나 되는 회사들의 입사 시험을 보고 간신히 지금 직장에 들어온 사람도 있을 것이다.

그리고 입사하는 데 큰 고생을 한 사람은 회사가 아무리 싫어도 그만두지 못할 때가 있다.

그런 사람의 마음을 가볍게 해줄 수 있을지는 알 수 없지만, 내가 조언을 해준다면 우선 말투부터 바꾸는 게 어떠냐는 말을 하고 싶다.

만약 내가 회사원이고 이직을 생각하고 있다면 이렇게 말할 것이다.

"몇십 곳이나 되는 기업 중에서도 멋진 이 회사와 인연이 닿았지만, 더 행복해지기 위해 이직을 결심하게 되었다."

직설적으로 '회사가 싫어서 때려치웁니다.' 같은 발언을 할 때와는 상당히 인상이 다를 것이다.

회사에서도 이 사람이라면 분명 좋은 이직 자리를 찾을 거라고 생각할 것이다.

말이라는 건 어떻게 입에 올려야 멋진가.

멋진 말을 하는 사람에게는 세상이, 그리고 신이 편을 들어준다.

그리고 무엇보다도 인기가 많아진다.

'회사가 싫지만 그만둘 수가 없다.'라는 말 가지고는 그 누구의 호감도 살 수 없다.

왜냐하면 그건 그저 푸념에 불과하니까.

이제까지 신세를 진 회사 험담을 하는 건 아주 꼴사나운 짓이 아닐 수 없다.

설령 진심과는 다르더라도 멋진 말을 하는 게 좋지 않을까?

"몇십 곳이나 되는 회사의 입사 시험에 합격하지 못했던 사람도 있는데, 나는 입사할 수 있었다."

"덕분에 좋은 직장 동료를 만났다."

이런 식으로 주변이 듣고 안심할 만한 말을 해줘야 한다.

쉽사리 회사를 그만두지 못해서 괴롭다고 하는데, 그런 사람은 퇴사하면 또 그런 푸념을 입에 올릴 것이다.

아예 맨 처음 구직 활동을 했을 때를 떠올려 보자.

운이 나쁘면 전부 다 시험에서 떨어졌을지도 모르는데 '부디 저희 회사에 와주십시오.'라고 나를 채용해 준 회사가 있었다.

그것만으로도 당신은 아주 운이 좋다.

당신을 채용해 준 회사니까 좋은 곳이 맞다.

좋은 회사에 들어갔지만, 성장한 지금은 더 높은 목표를 가지고 싶은 마음이라면 다들 응원해 주지 않겠는가?

아아, 참 상향심이 있는 사람이구나 하면서 말이다.

어쩌면 당신의 멋진 말을 들은 사람이 당신이 그토록 바라던 멋진 일자리를 소개해 줄지도 모른다.

항상 그런 의식을 가지고 멋진 말을 쓰자.

피해자 의식보다
감사를 의식해라

최근에는 출산 후에 직장으로 복귀하는 여성들이 늘어나고 있다.

그런데 육아 휴직을 마치고 돌아오면 회사에 내가 있을 곳이 사라졌다고 느끼는 사람이 있다.

나는 육아 휴직을 내본 적이 없어서 자세한 사정은 잘 모르겠지만 내 생각은 이렇다.

당신이 일을 쉬는 중에도 회사는 문 닫고 있을 수가 없다.

그동안 당신 대신 다른 직장 동료들이 일을 대신해 주었을 것이다.

그렇게 생각하면 내 몫까지 애써준 동료들에게 감사의 마음이 들 것이다.

내 일을 대신해 줘서 참 고맙다면서 말이다.

회사에 내 자리가 있고 없고를 논하기 전에, 우선 그렇게 생각하는 게 좋다.

직장에 복귀했을 때, 육아 휴직을 내기 전과 똑같이 일하고 싶다는 심정은 이해한다.

그 정도로 일할 의욕이 넘친다는 뜻이다.

하지만 어린 자식이 있으면 아이가 갑자기 아프거나 다쳤을 때 일을 쉬거나 조퇴할 때도 있을 것이다.

그럴 때 업무를 잔뜩 짊어지고 있으면 아이를 희생양으로 삼게 될 때가 있다.

그러니 복귀 처음에는 특히 '동료들이 일을 이어받아 준 덕분에 나는 무슨 일이 있더라도 바로 집에 갈 수 있어. 참 고마운 일이야.'라는 감사의 마음이 필요하지 않을까?

그러한 기분을 전제로 삼으면 '내 일거리를 빼앗겼다.', '있을 곳이 없다.'라는 생각을 하지 않을 것이다.

열정적으로 일하고 싶은 사람은 어느 정도 여유가 생겼을 때 '좀 더 업무량을 늘려도 괜찮습니다.'라고 말하면 된다.

내 일이 끝나도 시간이 남았을 때 동료들에게 '뭐 도와드릴 일은 없나요?'라고 말하면 다들 기뻐할 것이다.

생각 하나로 눈앞의 풍경이 싹 달라진다.

즐겁게 일하고 싶으면 밝은 파동을 내보내야 한다.

그러려면 역시 직장 동료들에 대한 감사의 마음이 필수이다.

피해자 의식만 커져 있으면 부정적인 파동이 나와서 더욱 푸념만 쏟아져 나올 현실을 만들어갈 뿐이니까.

또한 육아 휴직이 끝났을 때 회사에 복귀할 수 있다는 건 회사가 당신을 필요로 하고 있다는 뜻이다.

보금자리가 있으니까 회사로 돌아갈 수 있는 것이다.

그 사실에 눈을 돌리면 긍정적인 마음을 지니기가 어렵지 않을 것이다.

성장은 멈추지 않는 것이 당연하다

종종 인생을 사는 것에도 뭔가에 쫓기는 것처럼 항상 초조해하는 사람이 있다.

그런 사람은 인생이 한 번밖에 없다고 생각할 것이다.

살 날이 긴 것도 아니니 이것도 해야지, 저것도 해야지 하면서 말이다.

마치 쫓기듯 사는 것이다.

하지만 인간은 죽지 않는다.

육체는 수명이 다하면 죽겠지만, 영혼은 영원히 살아간다.

몇 번이라도 다시 태어나니까 그렇게 서둘러 살 필요도 없고, 이번 생에 하지 못했던 일은 다음 생에서 하면 된다.

영혼은 영원히 이어지니까 죽는 것도 큰 문제가 아니다.

그럼 아무 때나 죽어도 되겠네요? 하고 받아친다면, 당연히 그런 뜻은 아니다.

이 세상에는 즐길 거리가 너무나도 많으니까 나는 조금이라도 오래 살고 싶다.

나는 항상 움직이고 있어서 1초라도 걸음을 멈추지 않는다.

회사 상품에서도 제자들이나 직원들이 깜짝 놀랄 정도로 나는 히트 상품을 연이어 내놓고 있다.

하지만 내 생활은 쫓기는 것처럼 보이지 않는다.

다른 사람이 나처럼 1초도 걸음을 멈추지 않고 있으면 마치 정신없이 쫓기며 사는 것처럼 느껴지지만, 나는 오히려 아주 여유롭게만 보인다는 말이다.

왜 그런 차이가 생기느냐 하면, 나는 인생을 즐기고 있기 때문이다.

그리고 항상 웃으니까.

예를 들어 똑같이 뛰더라도 필사적인 표정으로 뛰는 것과 웃으며 뛰는 것에는 보는 사람의 인상이 전혀 달라지지 않는가? 그것과 마찬가지이다.

나는 항상 뭐든 즐기면서 웃고 산다.

웃으며 즐기니까 아무리 속도가 빠른 인생이라도 결코 서두르는 것처럼 보이지 않는 것이다.

전통 시조인 하이쿠에는 이런 문구가 있다.

'녹나무 천 년, 또다시 올해 어린잎이 된다.'

천 년을 사는 녹나무라고 하면 이제 더는 잎을 키워낼 기운도 없을 것 같지만, 작년과 달라지기는커녕 더욱 기세 좋게 새

잎을 틔운다.

바로 이런 뜻을 가진 시구일 것이다.

삶은 바로 성장이다.

천 년을 사는 나무도 여전히 성장한다.

내가 걸음을 멈추지 않고 계속 성장하는 것도 생명이 있는 존재로서 아주 당연한 일이다.

오히려 나이를 먹어서니 뭐니 그런 이유로 걸음을 멈추는 편이 더 괴로워질 것이다.

성장을 멈추는 건 자연의 섭리를 어기는 것과 마찬가지이다.

우리 영혼 역시 언제까지고 계속 성장한다.

마치면서

이번 생에 당신이 꼭 해내야 하는 건 단 하나.
그건 바로 지구에서 즐겁게 노는 일이다.
성실하게 살지 않아도 된다.
노력과 인내도 필요 없다.
인생은 즐기는 사람만이 성공하고, 즐기는 사람만이 행복해질
수 있다.

언제나 여러분의 행복을 기원한다.

사이토 히토리